변화로 통하다

금감원 이야기

변화로
통하다

금감원 이야기

경인문화사

포기할 수 없는 가치,
'신뢰와 존경'

삶의 매 순간이 귀하고 소중하지만, 살다 보면 유난히 가슴에 남는 특별한 시기가 있다. 내게는 지난 3년이 과거 어느 순간과도 비교할 수 없는 의미 있는 시간이었다.

금융감독원 원장직을 임명받자 주위에서는 친정에 수장으로 돌아가게 되었으니 영전이라며 축하했지만, 사실 나는 걱정이 앞섰다. 내부 사정을 모르면 차라리 용감하게 소신을 펼치겠지만 누구보다도 잘 아는 기관이었기에 조직의 특성을 먼저 고려하지 않을 수 없었다.

금융감독원은 국민의 재산과 행복에 미치는 영향에 비해 온전한 권한을 가진 관료조직도 아니고, 금융시장에 가장 가까이에 있지만 영업을 하는 민간조직도 아니다. 몸은 민간인이면서 하는 일은 금융감독이라는 공공재를 생산하는 조직의 수장으로서 고민은 깊어질 수밖에 없었다. 규정대로만 업무를 처리한다고 임무를 다했다고 할 수는 없다. 금융시장에서 '신뢰와 존경'을 받을 수 있어야 하며 이를 위해서는 자체적인 큰 변화가 절실하였다.

맨 먼저 해야 할 일은 직원들의 마음과 자세를 재정립하고 변화의 필요성을 인식시키는 것이었다. 감독 업무는 일의 속성상 공정하고 투명해야 하는 만큼 금감원 직원들의 성향도 대체적으로 보수적이다. 이런 환경에서 갑작스럽게 변화를 추진하는 것은 자칫 내부 저항만 초래하고 좌초될 위험이 높았다. 변화는 그렇다 치고 오히려 직원들에게 부담만 안겨주는 것은 아닌지 사실 우려가 되기도 했다. 하지만 금감원의 고압적·권위적 업무 행태에 대한 주변의 곱지 않은 시선과 금융위기 고조 등 기관에 대한 사회적 여건이 녹록지 않은 상황이었다. 그렇기 때문에 금융위원회와 분리된 금감원의 첫 기관장으로서 변화를 더욱 강조하지 않을 수 없었다.

당시는 경영학에서 적자생존을 설명할 때 인용되는《이상한 나라의 앨리스》속편인《거울 나라의 앨리스》와 비슷한 처지였다. 소설 속의 붉은 여왕은 앨리스에게 "제자리에 있고 싶으면 전력을 다해 뛰어야 한다."라고 말하는 장면이 있다. 붉은 여왕의 나라에서는 물체가 움직일 때 주변 세계도 따라서 움직이기 때문에 주인공이 쉬지 않고 힘껏 내달려야 겨우 한발 한발 내딛을 수 있기 때문이다. 위기가 일상화된 금융 환경의 변화에 발 빠르게 대응해야 하는 금감원 직원의 숙명 또한 이와 크게 다를 바 없었다.

취임과 함께 가장 먼저 한 일이 변화추진기획단(변추단)을 발족하고, 이곳을 중심으로 금감원의 비전과 앞으로의 변화 방향을 정립하는 일이었다. 또한 직원들 사이에 변화에 대한 폭넓은 공감대를 형성하는 것도 중요한 일이었다. 이를 추진할 수 있었던 배경에는 기업은행(IBK)장으로 변화경영을 추진했던 경험과 지난 삶의 과정에서 체득한 교훈도 자리하고 있었다.

어느 시대를 막론하고 변화는 익숙한 것에서 벗어나는 것을 뜻한다. 따라서 당연히 저항을 수반할 수밖에 없다. 그러나 저항을 줄이고 금감원 직원들 스스로 변화의 견인차 역할을 하게 된 데에는 원장만의 의지가 있었던 것은 아니다. 금감원의 변화와 좋은 규제기구(better regulator)로서의 확고한 정체성 수립은 직원들이 자신의 다양하고 생산적인 의견을 가감 없이 소통할 수 있어야 가능한 일이었다. 수평적 커뮤니케이션이라는 새로운 소통문화를 뒷받침하기 위해 CEO의 리더십에 도전을 받을 수도 있는 '열린 게시판'을 개설하였다. 특히 무기명(익명성 보장), 게시자 IP 추적 금지 등과 같은 4대 원칙에 서명하는 등 조직 내 소통 채널이 막히지 않도록 노력하였다. 지난 3년간 직원들은 공론화 장을 통해 3,000건이 넘는 의견을 게시하고 더불어 불합리한 점을 개선하는 데 동참하였다. 또한 변화의 주인공으로 글로벌 금융위기 극복에 매진하는 한편 위기 이후를 대비하는 등 어느새 변화의 결실들이 하나하나 보이기 시작하였다.

그동안의 변화 과정을 정리한 취지는 금감원의 지난 3년 동안의 변화에 대한 인식, 계획, 추진, 성과 등을 챙겨보려는 데 있다. 또한 앞으로도 우리 금감원이 변화에 더욱 매진하고 박차를 가해야 한다는 의미도 있다. 이 책에는 지난 3년간 금감원의 변화에 대한 노력이 고스란히 담겨 있다. 위기 속에서도 꾸준히 변화를 견인한 변추단의 활동뿐만이 아니라, 각 본부에서 추진한 변화 성과를 가감 없이 실었다. 여러 이유로 미처 담지 못한 이야기도 있고, 정리하는 과정에서 불가피하게 누락된 사례도 있지만, 금감원의 자화상과 같은 이 책을 준비하면서 최대한 객관적으로 담고자 노력하였다.

돌이켜 보면 취임식 때부터 지금까지 추억으로 가득하다. 금감원 창립 이후 처음으로 개최한 한마음 체육대회나 개펄훈련에 참여해 직원들과 함께 뒹굴고 넘어지면서 스킨십으로 교감했던 기억, 여의도공원 잔디밭에 직원들과 둘러앉아 농담을 나누면서 웃었던 추억, 불시에 검사장을 찾아갔던 일, 처음으로 바리스타 경험을 갖게 해준 카페 원빈(院 Bean) 개소식, 직원들과 나란히 앉아 점심 도시락을 먹으며 경청했던 도시락 창조교실 등 모두 다 열거하기 힘들 만큼 소중한 추억이다.

행복한 추억만큼 마음에 남아 있는 아픈 기억도 있다. 힘든 시기를 거치면서 위기를 잘 극복하고 대처한 직원들에게 오히려 급여를 삭감해야 했던 일은 무척 안타까운 일이었다. 늘어난 업무량에도 불구하고 오히려 조직을 축소하고 비용을 줄여야 했던 과정에서 자칫 감독 역량이 위축되지는 않을까 노심초사했지만, 다행히 우리 금감원 직원들이 고통을 견디며 따라주었다. 이 지면을 통해 그동안 제대로 표현하지 못한 고맙고 든든한 마음을 전한다.

오늘은 새로운 날이 오면 과거가 되지만 동시에 내일을 일구는 토대인 것처럼, 지금까지 일군 변화는 앞으로 계속 뻗어가야 할 금감원의 변화라는 큰 나무의 뿌리가 될 것이다. 아직 끝내지 못한 '신뢰와 존경'을 얻기 위해 추진해 온 과제들은 앞으로 금감원 직원들이 열정으로 꽃을 피우고 열매를 맺으리라 믿는다.

이 책을 꾸리면서 나는 지난 시절을 반추하는 시간을 보냈다. 그 기간 주변의 많은 분이 원고 작성에 도움을 주었다. 자료 확인부터 발간까지 집필의 전 과정을 함께한 금감원 변추단, 마콜커뮤니케이션컨설팅의 강소연 상무를 비롯한 경인문화사 한정희 사장에게 진심으로 감사드린다.

2011년 3월

금융감독원 원장 김종창

차례

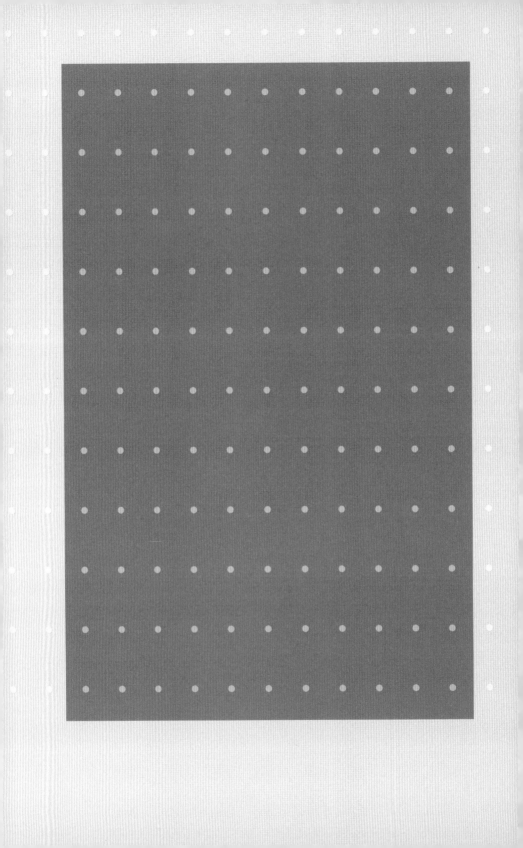

변화의 닻을 올리다

"모든 것은 쉬워지기 전에는 어렵다."라는 괴테의 말처럼, 변화는 체
감하기 전에는 어렵고 불편한 것이었다. 변화를 추진하는 것 자체가
힘겨운 순간도 있었다. 그러나 상황에 따라 완급을 조절하면서 끊임
없이 변화의 필요성을 일깨우고 함께 공감하고 동참하면서 변화는 우
리 속에 자리하게 되었다.

일상이 달라졌다

행복의 비밀은 자신이 좋아하는 일을 하는 것이 아니라,
자신이 하는 일을 좋아하는 것이다.
- 앤드류 매튜스

한 손에 커피 들고

2011년 2월, 여느 때처럼 여의도 역에서 몇 블록을 지나 회사 건물로 들어서면 은은한 음악과 향긋한 커피 향이 반긴다. 출근길에 만난 동료와 1층 '원빈(院 Bean)'에서 모닝커피를 주문하며 담소를 나누고, 오가는 사람들과 정겹게 눈인사를 건넨다. 오감을 자극하는 커피 향처럼 사람 사이에 피어나는 웃음꽃. 커피를 받아 들고 사무실로 향하는 발걸음은 익숙한 원내방송 DJ의 목소리만큼이나 경쾌하다. 방문한 고객에게 9층 원빈에서 커피 한 잔을 대접하고, 카페의 밝은 분위기 속에서 팀 미팅을 진행하기도 한다. 커피는 이미 커피 그 이상이다. 갓 볶은 원두만큼이나 신선하고 흐뭇한 마음의 연결자이자 문화의 전령이다.

변화의 닻을 올리다

카페 원빈(院Bean)이 생기면서 금감원은 딱딱하고 삭막한 분위기를 벗고 새 옷을 입기 시작했다.

금감원에 카페 '원빈'이 생기면서 직원들의 출근 풍경과 일상의 모습에 많은 변화가 생겼다. 2008년까지만 해도 화강암 건물의 위용만큼이나 딱딱하고 삭막한 회사 건물에 들어서면, 고개를 푹 숙인 채 사무실로 향하는 사람들이 많았다. 4개 기관 통합으로 같은 건물에서 일하면서도 얼굴을 모르는 직원이 많았다. 방문하는 민원인과 다른 기관 사람들 사이에 섞여 출근하는 길이나 엘리베이터 안에서는 어색함을 피하기 위해 아예 다른 생각을 하거나 눈을 감아버리곤 하였다.

그러나 원빈이 문을 연 2010년 8월 이후 많은 것이 달라졌다. 금융위기 전 서초동 사옥으로 이전했던 금융위원회가 다시 들어왔고, 방문객도 늘어나 과거보다 오가는 사람은 많았지만, 커피 한 잔을 나누면서 자연스럽게 대화하고 반갑게 인사를 나누는 모습은 이제 익숙한 풍경이 되었다. 자연스럽게 다른 부서 직원들과 접촉하는 기회가 잦아지면서 입구에서나 복도에서 낯선 사람과도 편안하게 눈을 맞추게 되었다.

금감원에서도 양질의 커피를 원내 카페에서 마시게 되면서 '변화'가 일어난 것이다. 2008년 이후 비전과 핵심가치 수립을 통해 고객에 대한 인식, 감독 종사자로서의 자세와 조직의 미래 비전 등 '변화된 금감원'의 모습을 일상에서 마주하고 확인할 수 있게 된 것이다.

"좀 늦은 감이 있습니다. 진작 이런 곳이 생겼으면 좋았을 텐데……. 원내 카페가 생기기 전에는 지하 1층에 있는 라면 냄새 나는 휴게실이나, 사람들이 왔다 갔다 하는 좁은 사무실에서 업무 협의를 하는 경우가 많았어요. 서서 기다리는 일도 있었고요. 그런데 이거 생기고 나서 분위기가 많이 좋아졌습니다. 금감원 분들이 원내 카페니 직접 사겠다고 하시며

변화의 닻을 올리다

커피를 사주시는 게 부담스럽긴 하지만, 그래도 커피를 마시며 이야기를 시작하니 업무 협의 분위기도 부드럽고 일도 잘 진행되는 것 같습니다. 이용자 수와 비교하면 좀 협소한 게 흠인데 첫술에 배부를 순 없죠. 앞으로 좀 더 이런 곳이 많이 생겼으면 좋겠네요."

업무 협의차 금감원을 자주 방문하는 한 보험회사 중견간부의 말처럼, 카페가 문을 열면서 많은 것이 바뀌었다.

고객이 방문하면 9층 원빈에서 딱딱한 업무 이야기도 커피 한 잔을 놓고 좀 더 친근하고 자연스럽게 할 수 있게 되었다. 민원인과 금융회사 직원은 물론 내부 직원들끼리도 밝은 분위기의 카페에서 진솔하게 대화할 수 있게 되었다. 상사가 커피를 시켜주고, 갓 나온 커피를 받아다가 가져다주는 과정에서 권위주의적 풍경은 찾아볼 수 없다.

2008 vs. 2011

금감원에 다닌다고 하면 많은 사람이 딱딱하고 엄숙한 직장 분위기를 연상한다. 실제로 3년 전 공채 9기가 입사할 때만 해도 사무실 분위기는 일반인이 생각하는 것과 별반 차이가 없었다.

연수를 마치고 부서를 배치받고 나서 첫 출근길, 사무실에 들어서면 들뜬 각오는 어느 틈엔가 사라지고 먼저 출근한 팀장과 선배를 향해 허공에 외마디 인사를 전하면서 눈치를 살폈다. 시간이 흐르면서 어느새 묵직하게 가라앉은 사무실 공기에 익숙해져 갔다. 업무를 처리하다 보면 옆 사람과 온종일 웃음 한 번 나누지 못하기도 하고, 업무가 끝나도 선배들이 먼저 퇴근하지 않으면 눈치만 보던 시절이었다.

그러나 2008년 시작된 변화의 바람은 카페 원빈이 생긴 후 달라진 회사 분위기처럼 많은 것을 바꾸어 놓았다. 사무실 풍경도 달라졌다. 출근해 부서에 들어서면 금감원 직원들이 돌아가면서 진행을 맡은 아침 방송 DJ의 밝은 목소리가 활기를 더한다. 직원의 신청곡이 향긋한 커피 향처럼 금감원 내에 퍼지면서 무거웠던 사내 분위기를 걷어냈다.

하루 업무를 준비하는 마음가짐도 발걸음도 그만큼 경쾌해졌다. 비전과 핵심가치 내재화의 목적으로 전개된 조직문화 개선 캠페인을 통해 그동안 얼굴을 모르고 지냈던 옆 부서 사람과도 친숙해지면서, 복도에서 마주치면 서로 먼저 반갑게 인사를 건네게 되었다.

한두 달에 한 번은 대강당에 모여 함께 도시락을 먹으면서 외부 강사의 강의를 들으며 삶의 다양한 가치와 지식을 공유하는 자리도 마련하였다. 때론 함께 고민하고 중간 중간 폭소를 터뜨리기도 하면서 밑으로 가라앉기만 했던 금감원 전체 분위기가 왈츠처럼 경쾌해졌다.

수요일이나 금요일 가정의 날에는 긴급한 현안 사항이 없는 한 눈치 보지 않고 정시에 퇴근하여 오랜만에 가족과 정겨운 시간을 보낼 수 있게 되었다.

이렇게 변화된 금감원의 오늘은 지난 3년간 변화를 추진하여 이뤄낸 성과다. 근원적인 변화의 좌표를 비전과 핵심가치로 설정하고, 여기에 일상의 크고 작은 변화의 바람이 더해지면서 금감원의 새로운 역사가 시작되었다.

"모든 것은 쉬워지기 전에는 어렵다."라는 괴테의 말처럼, 변화는 체감하기 전에는 어렵고 불편한 것이었다. 변화를 추진하는 것 자체가 힘겨운 순간도 있었다. 그러나 상황에 따라 완급을 조절하면서 끊임없이 변화의

변화의 닻을 올리다

필요성을 일깨우고 임직원 모두가 한마음으로 공감하고 동참하면서 어느새 일상의 한 부분이 되었다.

'변화'는 단지 구호가 아니라 조금 더 긍정적인 생각으로 주위를 배려하고, 조금 더 부드럽고 따뜻한 기운을 서로가 나누는 일이라는 것을 체감하면서 자연스럽게 변화를 받아들이게 된 것이다.

모험의 시작

여러분이 더 보람찬 인생을 살려면
생각하는 방식을 바꿔야 합니다.
- 오프라 윈프리

신뢰와 존경을 회복하라

"**감독기관에 몸담은 여러분은** 감독기관의 속성상 사랑받기가
어렵습니다. 인기를 얻기는 더욱 어렵습니다. 그러나 신뢰와 존경을 받지
못하면 영원히 비판의 대상이 될 뿐입니다."

2008년 3월 28일, 2층 대강당에서 열린 김종창 원장의 취임사는 이렇
게 금감원이 처한 특수한 현실을 짚어보는 것으로 시작되었다. 금감원이
태동했을 때부터 외환위기 직후 부원장 시절까지, 누구보다도 금감원의
속내와 고충을 잘 아는 선배의 지적이었기에 분위기는 숙연해졌다.

"오늘 원장으로 취임하면서 맨 먼저 말씀드리고 싶은 것은 '신뢰와 존
경'을 받는 금융감독원이 되자는 것입니다."

변화의 닻을 올리다

김종창 원장 취임 당시는 그동안 외환위기로 흐트러진 금융질서를 다잡고, 기업과 금융의 구조개혁이라는 시대적 과제를 해결하는 과정에서 피로감이 누적된 상황이었다. 금감원 출범 이후 2008년까지 매년 한 명 꼴로 과로사나 돌연사하는 직원이 생기면서, 보험업계에서 가입을 꺼리는 기관이라는 아이러니한 평을 듣기도 하였다.

대내외 환경도 녹록지 않았다. 금융위와 분리된 지 겨우 한 달이 흐른 상황이어서, 업무에 대한 책임과 권한이 불분명하여 정체성의 혼란을 겪고 있었다. 금융 환경도 불안정하였다. 기업의 부채비율이 낮아지고 금융회사 건전성이 개선되고는 있었으나, 서브프라임 모기지 사태(subprime mortgage crisis)와 국제 원자재가격 불안, 국내 외화자금 사정 악화 등으로 경제의 불확실성이 확대되는 상황이었다.

그만큼 할 일도 극복해야 할 과제도 산적해 있었고, 그에 따른 스트레스도 만만치 않았다. 여기에 '고압적·권위적'이라는 세간의 평가는 국민경제에 이바지한다는 자부심마저 흔들리게 하였다. 이런 상황에서 "신뢰와 존경을 받는 금융감독원이 되자!"라는 원장의 말은 부담일 수밖에 없었다.

"금융시장에서 신뢰와 존경을 받으려면 임직원 모두가 생각과 자세를 바꾸고, 패러다임을 체계적으로 그리고 철저히 바꾸어 나가야 할 것입니다. 이 부분은 원장인 내가 직접 챙기겠습니다. 이를 위해 원장 직속으로 가치창조적인 감독을 위한 변화추진팀을 운영하겠습니다."

폭풍 같은 변화가 예고되는 대목이었다. 그동안에도 덕망 있는 원장들이 취임할 때마다 다양한 변화추진을 예고했지만, 변화를 체감하기에는 한계가 있었다. 3년 임기를 채우지 못하고 몇 개월 만에 떠나는 등 일관성 있는 변화추진이 어려웠고, 피로감만 누적된 상황이었다.

그러나 이번에는 달랐다. 원장은 이미 기업은행에서 변화경영에 성공한 경험이 있었고, 시대적 분위기 또한 변화의 파고 속에 있었다. 변화의 기치가 더욱 거세질 것은 자명한 일이었다. 특히 금융회사를 감독 대상이 아닌 동반자로 인식하고, 도와주고, 배려하는 섬김의 자세로 감독 패러다임을 바꾸라는 지시는 정체성의 혼란을 부추겼다. 금융 거래 질서 확립과 금융소비자 보호를 위해서는 보호와 섬김만으로 해결하기 어려운 공적 영역이 많기 때문이다.

더구나 경쟁원리를 도입하여 인사와 조직 운영도 철저하게 능력 본위와 성과 중심으로 바꾸는 등 기본적인 틀을 새롭게 하겠다는 대목에서는 술렁일 수밖에 없었다. 누구보다 금감원 조직의 특성을 잘 아는 처지에서 조직의 특수성을 해치지 않고 내부 저항을 넘어 민간조직처럼 성과 중심의 새 틀을 짤 수 있을 것인가?

기대 반 우려 반의 새로운 역사가 시작되었다.

점진적인 변화는 없다

새 정부 출범과 함께 사회 곳곳에서도 변화의 바람이 불기 시작하였다. 변화에 대한 국민의 기대수준도 한층 높아졌다. 특히 일산 어린이 유괴사건의 미온적 처리를 놓고 2008년 3,4월 내내 공무원의 무사안일과 관료적 일 처리에 대한 여론의 질타가 거듭되었다. 이 일을 계기로 국민을 섬기는 자세로 일할 것을 강조하는 목소리도 높아졌다.

금융 분야를 민간주도의 미래 성장 산업으로 육성시켜야 한다는 새 정

변화의 닻을 올리다

부의 목표 아래 규제 완화, 업무 처리 관행과 행태의 개선, 금융회사의 자율성 부여, 감독기관의 선제 리스크 관리 등이 핵심 현안으로 주목받았다.

"금융감독 일선 현장에서 업무 관행 및 태도가 바뀌어야 합니다. 진실로 변하는 모습을 보여주기 바랍니다. 변화는 가능한 한 빠르고 신속하게 그리고 체계적이고 지속적으로 추진되어야 합니다."

취임 후 첫 임원회의에서 특히 강조한 변화에 대한 당부는 원장의 변화에 대한 의지를 다시금 확인하는 계기였다. 회의문화도 바뀌었다. 둥근 테이블에 원장을 비롯한 참석자 전원이 똑같은 의자에 둘러앉아 각종 현안에 대한 자유로운 토론을 이어갔다.

"점진적인 변화란 있을 수 없으며 변화할 수 있을 때 신속하고 확실하

김종창 금융감독원 원장의 취임식 장면.

게 변화를 이루어야 합니다."

취임사에 이어 구체적인 변화의 방향을 설명하였다.

원장 메시지는 대외적으로 권위주의적 요소를 탈피하는 것도 중요하지만, 내부에서 먼저 권위주의적 요소를 과감히 버리는 것이 더 중요하다는 의지의 재천명이었다. 간부회의 때는 먼저 온 순서대로 앉기, 간단하거나 급한 일은 전화로 보고하기, 원장실에 누구나 쉽게 드나들 수 있게 하기 등 의사소통을 원활하게 하기 위한 다양한 변화들이 시도되었다.

〈구체적인 변화 방향〉

● **신속한 변화와 혁신 추진**
　원장 직속 변화추진기획단 설치
　외부 민간전문가와 함께 변화 방향 모색

● **금감원 독자기능 확립**
　금융감독 집행기관으로서의 위상 강화
　적극적 대응과 긍정적 자세로 독자기능 확립에 매진

● **금융위와의 협력 및 협조관계 구축**
　충분한 실무협의를 통한 마찰 예방
　시장의 현실적 측면과 구체적 사례 통한 논리적 접근

● **효율적 업무 처리**
　업무 처리 프로세스 간소화, 효율화
　향후 조직개편에서도 업무 단계 축소할 것
　건전성 감독을 강화하되 간섭하는 행태 지양
　감독 및 검사방식과 관행, 태도의 획기적 전환
　변화와 시장 감시기능 병행

변화의 닻을 올리다

원장의 **변화추진 의지가** 대내외적으로 가시화된 신호탄은 '변화추진기획단(변추단)' 발족이었다.

2003년 참여정부 출범과 함께 온 나라를 휩쓴 변화와 혁신의 바람은 공공기관을 비롯한 우리 사회의 많은 것을 변화시켰다. 금감원에서도 '금융감독 선진화 로드맵 100대 과제' 등 다양한 혁신 업무를 추진하고 있었다.

그러나 변추단 출범은 기존의 변화와 혁신을 위한 노력과는 차원이 다른 것이었다. 전례 없이 원장 직속으로 변화와 혁신 업무를 전담할 별도 조직이 꾸려졌다. 원장 취임 일주일 만인 4월 4일, 변화추진단 업무와 성격에 대한 의사결정을 마치고 공식적인 발족 서명이 이뤄졌다.

조직 구성은 나흘 만에 끝마쳤다. 기존에 변화와 혁신 업무를 담당하던 기획조정국 기획혁신팀에서 조직 구성의 밑그림을 그리는 한편, 인사팀에서 지원자를 공모하였다. 10여 명의 지원자와 당시 변추단 책임자였던 주재성 부단장이 선별한 인원을 놓고 인원 선발 작업이 진행되었다. 권역·성비·기수 등 여러 상황을 고려하고, 포용력·친화력 등 개인별 품성 등을 두루 점검한 끝에 변화추진 업무에 적합한 인원 16명이 선발되었다. 임명 과정 또한 전격적이었다. 금감원 인력이 넉넉하지도 않고 이미 국별로 과중한 업무를 맡은 상황에서 각 부서의 핵심 인력을 차출하는 작업이었기에, 4월 8일 전격적으로 비정기 인사발령이 내려졌다.

　금감원 설립 이후 최초로 변화와 혁신 업무를 전담할 조직이 꾸려진 만큼, 변추단은 모든 것이 새로웠다.

　업무 추진 과정부터 달랐다. 인사 다음날이 지방 선거일로 휴일이었지만, 전원이 출근하여 변화의 방향을 공유하는 것에서부터 변화와 혁신 업무를 시작하였다. 기획팀은 금감원의 비전 및 핵심가치 수립과 중장기 과제를 도출하고, 추진팀은 당장 변화와 혁신을 가시화하여 직원들이 체감할 수 있는 우선 추진과제(Quick-win) 발굴에 집중하였다. 변화 초기에는 외부 자문을 받는 것이 효과적이라는 판단에 따라 첫 작업으로 컨설팅회사를 선정하는 한편 변화과제 발굴을 위한 무한 토론을 계속하였다. 선정된 네모파트너스 컨설팅회사 직원과 변추단 직원들의 한 지붕 두 가족 동거체제가 시작된 것도 새로운 경험이었다.

　논의 과정 또한 신선하였다. 담당자들이 기안하면 내부 결재 라인을 따라 의사결정이 이루어지던 기존의 프로세스가 아니라, 팀원이 함께 모여 무한 토론을 거쳐 기안을 구체화시켜 나갔다. 각자의 의견도 프레젠테이션 방식으로 제안하고 논의하며 숙고하는 과정을 통해 변화과제를 도출해 나갔다. 간혹 얼굴을 붉힐 정도로 격렬한 의견 충돌이 있기도 했지만, 이 모든 것은 성공적인 변화를 일으키는 하나의 과정이었다.

　사회심리학자 레빈(K. Lewin)은 변화관리 3단계로 조직을 지배하고 있는 기존의 가치와 규제가 와해해 가는 '해빙(Unfreezing) 단계' 그리고 '실질적 변화(Changing) 단계', 새롭게 구축한 변화가치를 내재화하는 '재결빙(Freezing) 단계'를 언급한 바 있다.

변화와 혁신에 성공한 조직의 공통점은 각기 상황은 다를지라도 예외 없이 솔직하고 수평적인 커뮤니케이션을 통해 조직의 상황을 냉철하게 진단하고 변화과제를 발굴·추진해 왔다는 것이다. 기존의 금감원에서는 경험하기 어려웠던 변추단의 격의 없는 토론문화는 변화관리의 첫 단계에 접어들었음을 시사한다.

원장의 전폭적인 지지와 성원도 큰 힘이 되었다. 예산 및 조직적 지원에 더하여 양복 재킷을 벗고 넥타이도 풀고 열린 자세로 수평적 커뮤니케이션을 주도하였다.

수많은 변화혁신 과제에 대해 허심탄회한 의견을 나누는 문화가 정착되기 시작하였다. 보고 과정도 새로웠다. 기존의 보고문화와는 달리 결재가 필요한 사안에 대해서는 전 팀원이 함께 들어가서 담당자의 의견을 전하기도 하였다. 보고를 위한 보고를 지양하고, 보고 대기시간을 줄여 효율을 높이라는 취지에서 원장이 적극적으로 독려한 '전화보고'가 이뤄지기도 하였다. 임원이 아니었던 당시 변추단 부단장을 임원회의에 참석시킨 것 역시 과거에는 상상하기 어려운 시도였다.

2008년 4월, 금감원 변추단의 첫 경험은 그렇게 시작되고 있었다.

신뢰 실험

성공한 기업은 예외 없이
누군가 한때 용기 있는 결정을 내렸다는 것을 알 수 있다.

- 피터 드러커

모험을 넘어

서양 속담 중에 "변화를 좋아하는 사람은 젖은 기저귀를 찬 갓난 아기뿐이다."라는 말이 있다. 그만큼 변화는 당연히 저항을 수반하기 마련이고 구성원의 동의를 얻기가 어렵다는 뜻이다. 이는 또 경영진 같은 특정 그룹의 노력만으로는 조직의 장기적 발전을 꾀하는 데는 한계가 있고, 구성원들의 자발적인 혁신 노력과 동참이 전제되어야 성공할 수 있다는 의미를 내포한다.

금감원도 예외는 아니다. 이미 구성원들의 변화에 대한 피로도가 상당히 높은 상황에서 변추단이라는 별도 조직까지 꾸려 변화를 추진하고자 했을 때는 이미 내부 저항을 충분히 예견하고 있었다. 변화에 대한 저항

변화의 닻을 올리다

을 최소화하고 변화의 동력을 일으켜 세우려면 전 직원이 체감할 수 있는 강력한 동인이 필요했다.

"직원들이 동참하지 않으면 변화는 성공할 수 없습니다. 전 구성원이 변화를 체감하려면 함께 참여할 수 있는 '장'이 필요합니다. 금감원의 특성 때문에 얘기하고 싶어도 하지 못했던 이슈들을 자유롭게 논의할 수 있는 익명의 열린 게시판이 필요한 이유입니다. 원장님이나 관리자도 게시자를 추적할 수 없도록 철저히 익명성이 보장된 '열린 게시판'이 마련된다면 변화의 전기를 마련할 수 있을 것입니다. 직원들의 자질과 소양을 고려할 때, 익명성 보장이 크게 문제 될 것은 없습니다. 처음에는 다소 혼란스러워도 시간이 지나면서 자율정화 기능을 갖게 될 것이라고 확신합니다."

변추단은 금감원 전 직원이 체감할 수 있는 가시적 변화과제로 사내 인트라넷에 익명의 열린 게시판을 개설하자는 의견을 도출하였다. 처음 아이디어를 제시할 때는 변추단 내에서도 논란이 뜨거웠다. 가뜩이나 변화에 대한 저항이 예상되는 상황에서 괜한 오해나 루머 등 부정적인 소문을 확산시키는 포털 역할을 할 수 있다는 우려감 때문이었다. 그러나 온라인 게시판의 긍정적 측면과 직원들의 소양을 믿었고, 직원들이 체감할 수 있는 '변화가 필요한 상황'을 고려할 때 그대로 추진해 보자는 결론을 내리게 되었다.

온라인 게시판은 접근성이 좋고 표현이 자유롭다. 직원들의 자발적인 참여가 보장만 된다면 내부 소통을 위해 시도해 볼 만한 가치가 있는 채널이다. 신선한 '빅마우스(big mouth)' 등장으로 불합리한 제도를 바꾸는 효과를 발휘할 수 있다. 변화과제에 대해 직원들의 즉각적인 피드백을 확인하고 활발한 토론과 편안한 의견개진을 기대할 수도 있다. 물론 '투덜이 스머프'에 의해 부정적 의견이 확대·재생산될 개연성도 있지만, 운영의 묘에 따라 극복할 수 있는 문제라고 판단하였다.

그러나 철저한 익명성 보장은 노사 모두에게 큰 부담이었다. 경영진으로서는 폐해가 나타나면 리더십에 타격을 받을 수 있고, 직원들 입장에서도 철저한 익명성 보장을 신뢰하기가 쉽지 않다. 이미 많은 조직에서 사내 인트라넷에 '토론방' 'CEO와의 대화방' '업무 개선 제안방' 등 다양한 형태의 게시판을 내부 의사소통 채널로 활용하고 있지만, 익명성이 철저하게 보장된 경우가 드물기 때문이었다.

사회적으로도 온라인 익명성에 대한 논란이 거듭되고 있었다. 인터넷 실명제가 도입되었지만, 사전 검열과 표현의 자유 침해 사이에서 찬반이 뜨거운 시기였다. 이런 상황에서 금감원의 익명 게시판은 잘 운영되면 긍정적 파급 효과를 가져올 수 있지만, 자칫 불만 제조기 '직장 탈레반'에 접수되면 안 하느니만 못할 수도 있는 일대 모험이었다.

모두가 안 된다고 할 때

고심 끝에 철저하게 익명성을 보장하는 열린 게시판을 만들자는 데 의견이 모였지만, 노조와 경영진 모두가 거부하는 등 산 넘어 산이었다. "'공지사항' '토론광장' '변화혁신' 등 기존 게시판을 효과적으로 활용하는 방안을 찾는 것이 효과적이다", "굳이 위험을 담보하고 익명 게시판을 만들 필요가 있느냐?", "오히려 불소통을 초래하면 어떻게 할 것이냐?" 등 우려감이 지배적이었다.

변화의 닻을 올리다

변추단은 여러 기업의 사례를 분석하면서 우려를 해결할 방안을 찾아 나갔다. 성공한 경우와 실패한 경우를 분석하고, 운영자와 직원들의 의견을 수렴하였다. '토론방'과 'CEO, 임원과의 대화방'을 운영하는 A은행의 경우는 기명으로 운영되고 부분적으로 사전 필터링되는 시스템이 활성화의 걸림돌이었다.

다른 사례를 통해서도 사내 온라인 게시판 활성화의 관건은 철저한 익명성 보장과 게시물을 전 직원에게 투명하게 공개하는 것이라는 점을 확인할 수 있었다. D항공이나 E통신에서는 이와 같은 원칙을 바탕으로 사내 온라인 토론 게시판이 활발히 운영되고 있었다.

반면, 익명의 온라인 게시판이 잘 운영되다가 노사 간에 불신 사례가 쌓이면서 시들해진 S기업 사례는 대표적인 반면교사였다. 변화를 추진하는 과정에서 노사 간의 신뢰를 키울 수 있는 다양한 프로그램이 더해진다면, 익명 게시판이 신뢰의 근거가 될 수도 있다는 의미이다.

타 기업 사례를 분석할수록 변추단은 익명이 보장되는 게시판이 필요하다는 점에 더욱 확신이 섰다. 기존의 게시판은 특성에 따라 구분되어 있으므로 자유로운 주제의 익명 게시판으로 전환하면 기능적인 혼란을 유발할 우려가 컸다. 금감원의 업무 특성이나 위계적 속성을 고려할 때, 좀 더 활발하고 계층의 구별 없는 내부 소통을 위한 채널이 반드시 필요하다는 판단도 있었다. 직원들 사이에서도 철저하게 익명성이 보장된 열린 게시판이 생기면 경영진의 변화 의지를 체감할 수 있는 혁신적인 일로 받아들일 것이라는 기대감도 있었다.

익명성의 폐해라고 지적되는 직장 탈레반의 흑색선전 선동이나 투덜이 스머프의 루머 등의 문제는 오히려 익명성을 철저하게 보장하고 경영진이 사실 여부를 설명함으로써 직원들의 신뢰를 앞당길 수 있는 계기로 작용할 수 있다. 함께 일하는 동료에 대한 믿음과 문제를 해결할 수 있다는 자신감, 변화에 대한 낙관적 기대가 중요했다. 모든 도전은 위험에서 출발하기 때문이다.

소통의 창구를 열다

변추단은 열린 게시판 개설 필요성에 대한 확고한 소신을 토대로 익명성 보장 방안을 마련하였다. 상세한 게시물 등재 원칙과 함께,

| 문임 | 열린 게시판 운영에 관한 4대 원칙 |

1. (목례) 열린 게시판은 격의 없는 의사소통의 활성화를 통한 건전한 조직문화의 형성을 목적으로 한다.

2. (자율정화의 원칙) 열린 게시판은 금감원 임직원 개개인의 자절과 엄격한 자기통제능력에 대한 믿음을 바탕으로 운영된다.

3. (최소한의 통제) 원칙적으로 게시물의 내용에 제한을 두지 않으며, 게시물은 작성자만이 수정·삭제할 수 있고 임의로 삭제하거나 삭제하도록 지시할 수 없다.

3-1. 다만, 인신공격 및 근거 없는 비방을 담은 게시물 등은 변화 추진기획단 관리자가 사전 예고 없이 삭제할 수 있다.

4. (무기명 원칙) 열린 게시판은 무기명을 원칙으로 하되, 작성자가 실명을 원하는 경우에는 실명으로 작성이 가능하도록 한다.

4-1. 열린 게시판의 무기명 원칙은 경영진과 직원 간 신뢰를 기반으로 어떠한 경우에도 예외 없이 준수된다.

4-2. 신뢰의 원칙을 무시하고 열린 게시판의 게시물의 작성자를 확인하거나 확인하도록 지시한 임직원은 지시 사실의 공표, 인사위원회 회부 등의 불이익을 가한다.

4-3. 원장은 무기명 원칙의 최종 담보자로서 어떠한 경우에도 게시물의 작성자를 확인하도록 지시하지 않는다.

2008. 5.

금융감독원 원장
김 종 창 (서명)

익명성이 철저히 보장되는' 열린 게시판'을 만들면서 금감원의 변화를 위한 모험이 시작되었다.
사진은 '열린 게시판 운영에 관한 4대 원칙'과 이를 승인한 김종창 원장의 서명 서류.

변화의 닻을 올리다

'게시자 추적 시 인사 불이익까지 줄 수 있다'는 내용을 골자로 하는 '열린 게시판 4대 원칙'을 수립하였다.

물론 원장이 동의할지는 미지수였다. 원장의 취임 일성이 '변화'였지만, 최고경영자 입장에서 자칫 무방비로 여겨질 수도 있고 뜻하지 않은 사고 발생 시 자승자박이 될 수도 있는 익명성을 보장하기란 결코 녹록한 일이 아니었기 때문이다. 다만, 원장의 변화추진 의지와 평소 '열린 소통'을 강조한 데 대한 확고한 믿음이 있었기에 원장 보고에 들어갔다. 원장에게 게시판의 성격과 다양한 사례 분석 내용, 기대효과와 예상되는 문제점 등을 상세하게 설명하고, '열린 게시판 4대 원칙'을 천명해야 함을 강조하였다.

상당히 고심할 것이라는 실무자의 예상과는 달리 원장은 흔쾌히 '열린 게시판 운영의 4대 원칙'에 서명하였다.

마침내 금감원의 신뢰 실험이 시작된 것이다.

기다리는 리더십

"저는 변화의 성과와 고객만족만큼이나 임직원들의 만족이 중요하다는 점을 항상 염두에 두고 있습니다.

특히 감독성과와 고객만족이 때로는 충돌하기도 하는 규제기구의 성격상 임직원 개개인이 진정으로 보람을 느끼며 소명을 다할 수 있는 분위기를 만들어주는 것이 원장의 가장 중요한 임무라고 생각해 왔습니다.

열린 게시판이라는 무기명이 보장된 의사소통 채널이 금감원에서 첫

발을 떼는 것은 원장이 직원을 직원이 직원을 만족시키며, 궁극적으로 금 감원이 시장을 만족시키기 위해서는 우선 서로 잘 알아야 할 필요성이 있다는 인식이 절실했기 때문입니다."

2008년 5월 9일, 열린 게시판 개설을 며칠 앞두고 두 번째 'CEO 공감 (共感) Letter'가 배달되었다. 원장의 편지에는 취임 한 달의 소회와 함께 열린 게시판 도입 취지와 운용 원칙, 기대감 등이 진솔하게 담겨 있었다.

"아쉽게도 그동안 금감원은 내부 의사소통이 활발한 조직은 아니었습니다. 조직 내에서 서로를 잘 알지 못하고, 서로에 대해 무관심한 것만큼 조직 발전을 정체시키는 요인도 없을 것입니다."

원장이 내부 저항을 무릅쓰고 무기명 원칙을 담보하면서까지 열린 게시판을 개설한 배경에는 이러한 자기반성이 자리하고 있었다. 직원들의 자발적이고 광범위한 참여 없이는 금감원의 감독·경영 혁신이 성공을 거두기 어렵다는 인식이 과감한 결정으로 이어졌고, 이는 열린 게시판에 대한 희망과 기대로 이어졌다.

"저는 열린 게시판이 우리 임직원들 간에 격의 없는 의사소통을 촉진함으로써 서로를 알게 되고 이해하게 되는 중요한 채널이 되기를 희망합니다. 또한, 금감원의 변화와 좋은 규제기구(better regulator)로서의 확고한 정체성을 수립하는 데 다양하고 생산적인 의견들이 가감 없이 소통되기를 바랍니다."

특히 원장으로서 무기명 원칙을 지키겠다는 점을 거듭 강조하였다.

"이를 위해 저 스스로 열린 게시판의 무기명 원칙을 반드시 지킬 것이며, 이 신념을 더욱 확고히 하고자 열린 게시판 운영에 관한 4대 원칙에 직접 서명하였습니다.

때로는 근거 없는 비방이 등장하고 조직 내 갈등이 표출되기도 하겠

변화의 닻을 올리다

지만, 저는 이 모든 갈등이 최소한의 개입만으로 자율정화 기능을 통해 스스로 제자리를 잡아가기를 바라고, 기다리는 리더십으로 지켜볼 것입니다."

돌이켜보면 그 시절 너나 할 것 없이 소용돌이 속에 있었다. 금융위와의 분리, 신임 원장 취임과 변추단 발족, 조직개편 등 일련의 거센 바람은 불투명한 앞날에 대한 우려감을 낳았고, 격무와 변화 피로감은 뒤숭숭한 분위기와 함께 자칫 좌표 상실로 이어질 수도 있는 상황이었다. 열린 게시판은 이런 속내를 토로하고, 업무와 변화과제에 대해 진솔한 이야기를 나눌 수 있는 구심점이었다. 특히 원장이 자칫 리더십에 도전받을 수 있는 위험을 감수하고 익명 보장에 서명하고, 직원들을 믿고 기다리는 리더십으로 지켜보겠다는 뜻을 밝히자 직원들의 마음이 열리고, 그간의 우려는 기대로 바뀌어 갔다.

기다리는 리더십의 다양한 함의가 실제적인 변화를 낳기 시작한 것이다.

등대의 불을 밝히다

변화를 향한 첫 걸음은 수용이다. 자신을 받아들이고 나면
당신은 통하는 문을 열게 된다.

– 윌 가르시아

마지막에야 휴식을 취할 수 있는 사람들

2008년 7월 23일, 오전부터 금감원 2층 강당은 기념식 준비로 경황이 없었다. 지금까지 많은 기념식을 치러왔지만, 이번엔 달랐다. 준비하는 직원들의 표정도 공기도 모두 새로웠다.

변추단 발족 석 달 만에 수립한 금감원의 비전을 선포하는 자리를 소박하면서도 품격 있고 의미 있는 자리로 만들라는 원장의 지시에 따라 변추단원들이 모든 것을 직접 준비하였다. 식의 전 과정을 구상하고, 대본을 쓰고, 동영상을 만들고, 여러 차례 리허설을 하는 과정은 이미 변화혁신 업무에 익숙한 변추단원들에게도 새로운 경험이었다.

비전 선포식을 준비하면서 좌충우돌하기는 했지만, 이런 과정 중에서

변화의 닻을 올리다

도 성공적으로 식을 치러낼 수 있다는 자신감을 얻었고, 그동안 금감원의 역사와 함께했던 사람들을 다시 만나는 경험을 할 수 있었다. 어느 조직이나 지나간 시절에는 나름의 힘든 시기가 있다. 금감원 또한 외환위기로 4개 기관이 통합 출범한 이후 9년 동안 어려운 고비가 있었다. 세월이 지나고 도전의 시기에 고난을 함께 헤쳐 온 금감원 사람들을 재발견하는 과정은 말로 표현할 수 없는 감동이었다.

변추단은 지난 역사를 금감원이라는 이름 아래 함께 하는 모든 임직원과 뜻깊게 공유하고 미래 비전을 만나는 기회로 삼기 위하여 비전 선포식을 흥겨운 축제의 장으로 만들기로 하였다. 이를 위해 천편일률적인 격식에서 벗어나 간부와 신입 직원의 동반 사회를 추진하였다. 변추단 초

변추단 직원들이 직접 준비·제작한 비전 선포식장에서 상영된 동영상의 한 장면으로, 2008년 현직에서 유명을 달리한 고 신의용 국장의 노제를 금감원 정문에서 지내는 모습이다.

기 리더였던 주재성 부원장보와 신입 여직원인 외환업무실 이기선 조사역이 사회를 맡았다.

금감원 역사상 최초로 임원과 신입 직원이 함께 진행하는 비전 선포식이 시작되었다. 첫 순서로 금감원의 지난 역사를 되돌아보는 동영상이 상영되었다. 금감원 내 자료를 토대로 안재환 선임조사역(선임)을 비롯한 변추단 직원들이 직접 제작한 동영상은 과거 자료를 정리하고, 금감원 설립부터 현재까지를 담은 구성안을 만들고, 내레이션을 어떤 내용으로 넣을 것인지 고민과 토론을 수없이 반복한 끝에 탄생하였다. 채 10분이 되지 않는 짧은 시간이었지만, 상영되는 내내 장내는 숙연해졌고 눈시울이 붉어지는 직원들도 있었다.

"어느 나라에서나 감독 업무에 종사하는 자들은 환영받지 못합니다. 여기 모인 우리가 모든 것을 희생하면서 온 힘을 다하였다 할지라도 인정받을 수 있을 것으로 기대하지 마십시오.

우리 사회의 제반 모순과 갈등은 결국 금융문제로 귀착될 것이며, 감독 당국은 시대의 아픔을 겪어야 하기 때문입니다. 우리는 가장 마지막에 휴식을 취할 수 있는 사람들이 될 것입니다."

동영상의 마지막을 장식한 2001년 기념식의 한 대목은 대내외적으로 수많은 시련을 극복하고 오늘을 맞기까지, 과로사로 선배를 먼저 보내는 고통과 마주하면서도 금감원 사람들이 견지해야 할 마음가짐과 좌표를 응축하고 있었다. 환영과 인정을 받지 못하면서도 가장 마지막에야 휴식을 취할 수 있는 사람이라는 말은, 감독 업무 종사자로서 우리 모두 숙명처럼 여기는 대목이다.

그러나 감독 업무 종사자로서의 숙명은 법과 절차에 따라 일을 처리하고도 외부의 곱지 않은 시선이나 오해를 받을 수밖에 없는 상황과 맞닥

변화의 닻을 올리다

뜨리면 번민과 고뇌의 원천이 되기도 한다.

금감원에 대한 인식과 기대, 그 간극은 무엇일까? 이 거리를 좁힐 수 있다면 환영받지는 못한다 해도, 오해와 편견을 불식시키고 신뢰받는 감독기구로서 자리매김할 수 있을 것이다. 동영상에 이어 외부 고객들의 목소리를 들으면서 우리는 '고객'에 대해 다시 생각하였다. 고객들의 기대와 아쉬움, 바람과 부탁은 때론 서운하다 싶을 정도로 냉정하기도 하였다. 그러나 한편으론 다행히 금감원의 상황을 잘 이해하는 목소리도 있었다. 다시금 금감원의 진정한 '고객'에 대해 되새기고, '고객'으로부터 신뢰받기 위한 의지를 공유하는 선포식이었다.

따가운 충고들

감독 업무는 속성상 엄격함과 공정성이 필요하다. 감독·검사 과정에서 허점을 노출하지 않으려는 금융회사와 아무리 사소해도 건전성에 영향을 미칠 사안이라면 적발하고 바로잡으려는 금감원 사이에는 늘 팽팽한 긴장감이 흐른다. 그래서 정교한 논리를 토대로 근거를 확인하는 과정에서 고압적·권위적이라는 지적을 받기도 한다.

하지만 그때까지는 권위적·고압적이라는 비판을 받더라도 법과 원칙을 지키는 것만이 중요하다고 생각했었다.

"한결같이 곧게 법만 지키다 보면 때로는 일 처리에 너무 구애받을 수도 있다." 다산은 《목민심서》에서 원칙을 지키는 일의 경직성을 이렇게 경계하면서 "마음이 천 리의 공평함에서 나왔다면 백성을 이롭게 하려고 다소의 넘나듦이 있을 수 있다."라고 하였다. 상황에 따라 원칙을 무시해도 된다는 의미가 아니라, 공직 업무의 출발이 국민이어야 한다는 점을 강조한 말이다. 금융감독 업무 역시 종국에는 고객인 금융소비자, 즉 국민을 위한 일이다.

비전 선포식에서 소개된 외부 목소리는 금감원이 처한 딜레마를 다양한 채널을 통해 객관적으로 확인하는 과정이었다. 변추단은 금감원의 업무 행태에 대한 객관적 진단을 통해 시급한 실천과제를 추리기 위해 좀 더 다양하고 정교한 방식으로 외부 고객들의 목소리를 확인해 갔다. 우선 2005년부터 진행된 '인허가·감독서비스에 대한 금융기관의 만족도와 검사 수용도 조사 결과'를 분석하였다. 설문 조사 결과 고객들의 만족도가 조금씩 개선되고 있지만, 감독서비스에 대한 종합적 개선대책이 필요한 것으로 나타났다. 금융회사 임직원 759명을 대상으로 2007년 하반기에 조사한 결과, 종합 만족도는 68.5점으로 상반기와 같은 수준으로 나타났지만 여전히 만족도가 낮은 것으로 조사되었다. 업무 처리 창구가 일원화되어 있지 않고, 자료를 중복 요구하거나 적발 위주로 검사한다는 것이 만족도가 낮은 주된 이유였다.

고객들의 만족도가 낮게 나타난 항목이 모두 변화과제였다. 변추단은 추가로 주요 정부부처, 금융회사, 금융소비자 등 고객을 대상으로 심층 인터뷰를 진행하였다. 결과는 만족도 조사와 대동소이하였다. 특히 금감원의 업무 행태가 고압적·권위적이라는 인식은 여전했다. 그동안 부서별로 외부 고객들의 목소리를 접하기는 하였지만, 이렇게 금감원 전 직원이 한데 모여 외부 고객들의 객관적 평가를 확인하는 자리는 처음이었다.

이어 등장한 박찬수 변추단장은 비전 수립까지의 과정을 소개하였다. 외부 고객의 비판적 목소리를 극복하고 신뢰를 확보하려면 명확한 비전

　　　　　　　　　　　　　　　　변화의 닻을 올리다

을 설정하고 체화할 필요가 있다는 판단에 따라 2008년 5월부터 시작된 변화과제였다.

머리를 맞대다

변추단이 출범한 4월부터 비전 선포까지 약 3개월은 한 마디로 혼돈의 시기였다. 금감원에 대한 외부의 시선은 곱지 않았고, 내부 직원들의 만족도는 높지 않았다. 이러한 대내외 상황을 개선하고 고객 만족도를 제고시켜 신뢰받는 기관으로 자리하려면 우선 우리 내부에서부터 생각과 자세를 바꿔 나가는 노력이 필요하였다. 변추단은 이를 위해 세 방향에서 변화를 추진하기로 하고, 부문별로 세부계획을 수립하고 구체화하였다.

조직개편의 큰 방향은 본부제를 도입하는 것이었다. 의사결정 단계를 단순화하고 책임경영을 가시화하려는 목적에서였다. 그러나 본부 간 지나친 경쟁으로 정보공유나 자료 교환 등이 원활하지 않으면 조직 전체의 비효율을 초래할 수 있는 단점도 있었다. 이러한 단점이 노정되지 않고 긍정적 측면이 확산되도록 하기 위하여 경영진이 솔선수범해 달라는 원장의 당부 속에, 본부별로 비전과 중장기 전략을 수립하기 위한 치열한 내부 논의가 지속되었다. 비전과 중장기 전략 수립을 위한 내부 합의는 대내외 인터뷰, 환경분석, 벤치마킹 등의 과정으로 이루어졌다.

이를 통해 도출한 16개의 비전 안을 놓고 내부 논의를 거쳐 6개의 비전 안으로 추리고, 다시 2차 논의를 통해 금감원의 진취적인 미래의 방향성을 설정하는 데 적합한 3개의 안이 도출되었다. 이를 토대로 온·오프라인 임직원 선호도 조사, 집행간부와 Focus Group의 의견을 재차 수렴해 나갔다. 다른 한편에서는 변화추진을 위한 Quick-win 과제 발굴도 지속하였다.

변추단 출범 이후 3개월, 어찌 보면 길지 않은 시간이었지만 금감원에서는 전례를 찾아보기 어려울 정도로 모든 구성원이 함께 조직의 좌표와 미래 비전을 구현할 비전 수립을 위해 뛰었던 기간이었다. 때론 고민하고 회의하고 냉소도 있었지만, 그 자체만으로도 커다란 변화를 체험하는 과정이었다.

비전을 선포하다

"하나, 두울, 세엣!"

임직원의 연호 속에 원장과 변추단장을 비롯한 직급별 직원대표 8명이 버튼을 누름으로써 마침내 금융감독원의 비전이 공개되었다.

고객 중심의 사고, 고도의 전문성, 신뢰받는 금융감독

'고객 중심의 사고'는 감독 업무를 수행하는 태도와 마음가짐을 감독자 중심에서 벗어나 수요자의 요구를 적극 수용하여 반영하는 방식으로 전환하겠다는 의지를 담은 것이다.

'고도의 전문성'은 급변하는 금융 환경과 다양한 위험 요인에 선제적으

　　　　　　　　　　　　　　　　　　　　변화의 닻을 올리다

변화의 의지와 방향을 천명한 금융감독원의 비전 선포식.(2008. 7. 23)

로 대응할 수 있는 글로벌 감독 역량을 갖추겠다는 의지를 담은 것이다.

'신뢰받는 금융감독'은 공정성·투명성·책임성을 바탕으로 본연의 금융감독 업무를 충실히 수행함으로써 국민으로부터 신뢰받는 감독기구로 거듭나겠다는 의지를 담은 것이다.

이러한 취지 속에 금감원이 금융산업과 금융시장을 든든히 지키는 등대가 될 수 있도록, 임직원이 모두 함께 금감원의 나아갈 방향이자 좌표인 비전을 외치면서 2008년 7월 23일 비전 선포식 행사를 마쳤다.

날개 달기

비전 선포식이 있기까지 비전을 수립하는 것만이 아니라, 비전

달성을 위해 구성원이 공유하고 지켜나가야 할 '핵심가치'를 도출해 내는 산고의 노력도 있었다. 핵심가치는 조직이 지향하는 가치체계로, 모든 의사결정과 활동에서 조직원들이 반드시 지켜야 하는 원칙이자 기준이다.

이러한 핵심가치를 정립하는 일은 비전 달성의 성공 DNA를 도출하는 길이자 비전에 날개를 달아주는 과정이다. 따라서 그 과정도 매우 치열하고 어려웠다. 먼저 기초 분석을 통해 비전에 맞는 1차 핵심가치 68개를 도출하였다. 이 가운데 의미가 중복되거나 유사한 핵심가치들을 통합하여 13개의 2차 핵심가치 집단을 선정하고, 13개의 핵심가치를 놓고 '비전 정합성' 등을 검토한 결과 9개의 핵심가치를 추렸다. 이를 비전별로 범주화하고 내부 논의를 거쳐 다시 5대 핵심가치를 선정하였다.

그러나 핵심가치 정립 직후 글로벌 금융위기가 촉발되면서 직원들에게 핵심가치에 대한 공감대를 형성하고 내재화할 수 있는 후속 작업은 중단되었다. 금융위기 대응에 전력을 다해야 하는 상황에서 전 직원의 동참과 핵심가치의 내재화를 촉구하는 일은 사실상 어려웠기 때문이다.

2년여 동안 위기대응에 전력을 다해 금융안정을 되찾자, 변추단은 핵

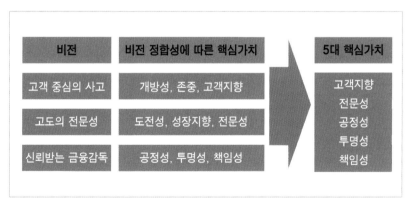

금감원은 비전에 날개를 달아줄 5대 핵심가치를 선정하였다.

변화의 닻을 올리다

심가치에 생명력을 불어넣는 내재화 작업을 재개하였다. 우선 대내외 고객들의 의견과 조직문화 진단, 환경 분석 등을 거쳐 핵심가치의 의미를 좀 더 구체화한 '핵심가치 행동규범' 초안을 마련하였다. 이후 변화촉진자 타운미팅, 경영진 인터뷰 등 임직원의 의견을 수렴하여 '15개 핵심가치 행동규범'을 최종적으로 확정하였다.

또한, 핵심가치 행동규범이 단순한 선언문에 그치지 않도록 구체적인 방법을 모색하였다.

"신념은 직원들에게 얼마만큼의 설득력을 지니고 있느냐가 중요하다." 라는 전 IBM CEO 토마스 왓슨의 말처럼, 금감원 직원들이 핵심가치에 대해 충분히 납득할 수 있도록 지속적 커뮤니케이션을 통해 관심을 견인해 나갔다. 구성원들이 눈으로 보고 느낌으로써 행동변화를 일으킬 수 있게 인정과 칭찬을 통한 자발적인 참여에 중점을 두었다. 사소하지만 중요한 행동(little big things)에 대한 캠페인 실시, 바람직한 행동 및 바람직하지 않은 행동(Do & Don't)에 대한 구체적인 지침 마련 등을 통해 일상생활 속에서 핵심가치에 대한 구성원의 공감과 자발적인 참여를 유도하는 쪽으로 계획을 세웠다.

또한, 핵심가치 실천 사례에 대한 포상, 근무 성적 평가 제도를 역량 평가와 성과 평가로 분리하였다. 역량 평가 항목에 핵심가치 반영, 직원 채용 기준에 핵심가치 반영, 정기적인 핵심가치 체화도 진단 등을 진행하여 실천을 촉진하기로 하였다.

의견을 모으고 생각을 나누고 문제점에 대해 토론하면서 생각과 행동의 변화를 만들어가는 토대가 만들어진 것이다.

고객지향

금융소비자 보호 : 금융소비자의 입장에서 생각하고 적극적인 자세로 권익을 보호합니다.
금융회사 존중 : 금융회사의 자율성을 존중하고, 수평적 관계를 유지합니다.
상호 존중과 협력 : 서로를 인정하고 배려하며, 협력하여 업무를 추진합니다.

전문성

선제적 대응 : 금융 환경 변화에 대해 끊임없이 분석하고 선제적으로 대응합니다.
현장 중시 : 현장 전문성을 확보하여 업무 수행의 실효성을 제고합니다.
역량 개발 : 새로운 금융지식과 기법에 관심을 가지고 끊임없이 학습합니다.

공정성

일관성 유지 : 업무 처리의 기준과 절차를 준수하고 일관되게 적용합니다.
엄정한 집행 : 부당한 요구에 흔들리지 않고 공익을 기반으로 엄정하게 정책을 집행합니다.
균형 감각 : 이해관계자의 입장과 요구를 파악하고 치우침이 없이 대처합니다.

투명성

소통과 협의 : 정책결정 및 집행 과정에서 이해관계자와 충분히 협의합니다.
정보 공유 : 이해관계자가 정보에 대해 쉽게 접근할 수 있는 환경을 조성합니다.
윤리 준수 : 금감원의 윤리기준을 철저히 준수합니다.

책임성

소명 의식 : 공적 기관에 소속된 일원으로서 사명감과 긍지를 가지고 업무를 수행합니다.
관계기관과 협력 : 국내외 관계기관과 협력관계를 중시하고 시너지를 창출합니다.
실행력 제고 : 실행 가능한 계획을 세우고 철저히 준비하여 제대로 실행되게 합니다.

금감원은 재탄생을 목표로 새로운 비전과 변화의 목표를 제시하였다.
이를 정리한 것이 5대 핵심가치와 15개 행동규범이다.

변화와 마주하다

한 생명이 태어나 성장하면서 아이에서 어른이 되어가는 것처럼 모든 변화도 진화한다. 사람이 희망이라는 믿음에서 출발한 변화촉진자들의 지난 3년여 활동은 변화를 위한 또 하나의 실험이었다.

사람이 희망이다

바뀐 것은 없다. 단지 내가 달라졌을 뿐이다.
내가 달라짐으로써 모든 것이 달라진 것이다.
- 마르셀 프루스트

길 찾는 사람

희망찬 사람은
그 자신이 희망이다
길 찾는 사람은
그 자신이 새 길이다
참 좋은 사람은
그 자신이 이미 좋은 세상이다
사람 속에 들어 있다
사람에서 시작된다
다시

변화와 마주하다

사람만이 희망이다

– 박노해의 「사람만이 희망이다」 중에서

국내외를 막론하고 많은 조직에서 변화를 추구하지만, 변화를 시도하는 과정에서 길을 잃는 경우가 많다. 예측하기 어려운 대내외 변수에 흔들리거나, 조직 내 변화의 동력이 미약한 경우가 허다하기 때문이다. 특히 구성원의 참여를 이끌어내지 못해 좌초하는 경우는 변화관리의 실패뿐만 아니라 조직문화에도 나쁜 영향을 미친다.

변화혁신의 출발도, 성공 배경도 '사람'이다. 변화에 동참하여 실행하는 구성원이 변화추진의 성공열쇠인 것이다. 변화를 추진할 '사람'의 중요성과 필요성은 내부 설문 조사 결과에서도 확인되었다. 2008년 10월에 실시한 '변화수용도 및 개별과제 성과에 대한 설문 조사' 결과, 비전 선포로 변화의 지향점이 명확해졌고 비전에 공감한다는 의견이 같은 해 5월 조사 때보다 높게 나타났다. 그러나 그동안 추진된 변화 활동의 실질적인 효과나 각자의 업무 수행에 끼친 영향에 대해서는 오히려 부정적 견해가 증가하였다. 한마디로 변화의 방향과 필요성에 대해 공감하지만, 변화를 체감하지 못한다는 얘기였다.

금감원은 출발 초기부터 다양한 변화의 노력을 시도해 왔지만, 변화를 주도한 기관장 및 경영진의 잦은 교체로 인하여 변화과제가 자주 바뀌었고, 상명하달식 변화추진으로 구성원의 동의를 이끌어내거나 동참을 견인하는 데 미흡하였다는 반성이 있었다.

이러한 문제점을 인식하여 변추단은 변화의 길을 잃지 않고 금감원 사람들의 관심과 동참 속에서 변화의 성과를 도출하기 위해 '변화촉진자(CA, Change Agent)'를 공모하여 선발하기로 하였다. 변화촉진자는 「사람만이 희망이다」라는 위의 시에서처럼 금감원이 가야 할 변화의 길을 만들고 새로운 길을 찾는 사람이다.

변화촉진자 공모 결과는 기대 이상이었다. 직급도 나이도 권역도 달랐지만, 금감원의 변화를 견인하겠다는 하나의 의지로 100여 명의 지원자가 모였다. 변화촉진자를 두 차례나 지원했던 정찬묵 선임의 말처럼, 지원자들은 한결같이 변화에 대한 희망과 기대감으로 공모에 응하였던 것이다.

"우리원이 출범하고 제가 2003년에 입사했는데요, 조직 자체에 문제점이 계속해서 보이는데 그것을 해결할 수 있는 동력을 아무도 갖고 있지 않았어요. 그래서 원장님이 새로 만든 조직이든, 아니면 자발적으로 생겨난 조직이든 변화를 추진할 동력이 필요했던 시점이었습니다. 그때 변추단의 변화촉진자 공모 소식을 들었고, 우리의 목소리를 전달할 수 있겠다는 생각이 들어서 자원했습니다."

처음 변화촉진자 공모 모집안을 기획할 때만 해도 지원하는 사람이 너무 적으면 어떻게 할지, 공모가 꼭 바람직한지 등에 대한 우려와 걱정이 많았지만, '사람' 중심의 변화를 향해 한 발을 내민 결과는 기대 이상이었다. 이미 상당한 변화 피로감으로 지쳐있던 금감원 사람들이 자발적으로 변화촉진자가 되겠다고 다시 나선 것이다.

금감원 내의 변화 동력과 의지를 확인하는 순간이었다.

스스로 변화의 주인이 되다

2008년 11월 5일, 통의동에 있는 금감원 연수원에서 제1기 변화

변화와 마주하다

촉진자 발대식이 개최되었다. 지원자 100명 가운데 부서, 직급, 성비 등을 고려해 최종적으로 70명의 변화촉진자를 선발하였다. 금감원 역사상 처음으로 변화를 촉진하는 사람이 되겠다고 자원해서 그 중 선발된 사람이 '변화촉진자'라는 이름으로 한곳에 모인 것이다.

비전 선포식 이후 두 달이 채 지나지 않은 2008년 9월, 리먼 사태가 촉발한 글로벌 금융위기로 금감원 전체가 비상체제에 돌입하면서 불철주야 격무 속에 직원들의 피로감이 누적된 상황이었다. 이런 가운데에도 금감원의 변화를 이끌어내는 중심 세력이 되겠다고 모인 사람들, 충만한 의지만큼 발걸음도 활기찼다.

"직원들의 생각이 정말 열정적이고 뛰어났어요. 저는 그 모임에서 직원들과 소통하는 과정에서 금감원에 희망이 있다는 것을 느꼈어요. 직원들의 열정을 견인할 어떤 구심점만 만들어지면 정말 좋겠다는 생각도 했고요."

"다른 분야에서 일하는 직원들이 모여서 금감원의 문제에 대한 다양한 의견들을 제시하는 과정에서 서로 생각은 다르지만, 충분히 소통을 하면서 이견을 조율해 하나의 의견으로 모아 발표하는 과정이 좋았습니다. 이런 토론의 장이 이루어질 수 있다는 점, 직원들의 열정 같은 것이 좋았던 것이지요."

참여했던 변화촉진자들의 회고처럼, 변화촉진자라는 이름으로 한데 모인 이들의 열정과 활약은 대단했다. 2008년 11월부터 2009년 2월까지 1기 변화촉진자들은 정기·수시 타운미팅을 하면서 16개 변화과제에 대하여 자유롭게 토론하며 새로운 아이디어를 구체화하였다.

"타운미팅 할 때 제일 좋았던 것은 강사님들의 아이스브레이킹, 커뮤니케이션 방법에 관한 특강, 주제를 선택하고 그 주제를 해결하는 방법에 관한 특강들이 좋았습니다. 가장 좋았던 것은 변화촉진자들이 모여서 토론을 하면 회사 일을 마치고 오는 것이기 때문에 피곤하고 소극적으로 참여할 것 같은데 그렇지 않은 점이었어요."

평소에는 얼굴 보기도 어려운 권역별 직원들이 한데 모여 서로의 다른 생각을 자유롭게 대화로 풀어내고 나누고 더하고 배가시키는 과정에서 열정 또한 커졌다.

'타운미팅'이라는 자유로운 토론 방식을 통해 금감원 전체의 문제나 본부별 당면과제, 변화촉진자 스스로 제시하는 아이디어 등 거침없는 토론이 이어졌다.

변추단이 제안한 변화과제와 각 본부에서 받은 변화과제들에 대해서도 논의가 이루어졌다. 처음에는 검사 아카데미, 금융감독원 홍보, 금융교육, 전자문서교환시스템 등 각 본부에서 나온 개별 과제들에 대한 타당성을 판단하는 데 집중하였다. 이후에는 현행 제도에 대한 실질적인 개선안을 도출하여 해당 부서에 전달하기도 하였다.

실행 부서와의 인식 차이와 현실적 제약 등으로 해당 부서에서 채택한 비율은 낮았으나 그동안 논의만 무성하던 직원들의 바람을 가시화한 성과도 있었다. 당직 제도 개선안이 그 대표적인 사례다.

"담당자가 전향적인 생각을 하려 하지 않고 그저 보수적인 부분을 유지하려고 하면 전혀 변할 수가 없는 문제입니다. 그런데 다행히 제가 그 결정을 할 수 있는 자리에 있을 때는 저부터가 이 당직 제도에 문제가 있다고 생각하고 있었기 때문에 새로운 아이디어를 채택할 수 있었던 것 같습니다.

금감원 직원 한 명만 당직을 서도록 해서 직원들의 부담을 줄여주자는 방향으로 나아가게 된 것입니다. 약식으로 결정이 된 것입니다. 그렇게 해서 두 명이 서던 당직을 한 명으로 줄이고, ARS를 통해 전화 문제를 개선했습니다."

당직 제도 개선을 수행한 김용택 팀장의 경험처럼, 직원들의 숙원사항이었지만 산발적 의견에 머무르던 것을 변화에 대한 의지와 지속적인 논의를 거쳐 현실로 만들었다. 변화촉진자 수시 타운미팅이 열린 2009년 2월 본격적으로 당직 제도 개선에 관한 열띤 토론이 이루어졌고, 각자 의견에 대한 보완점을 도출하면서 실질적인 변화를 이끌어낸 것이다.

금융위기 속에 탄생한 1기 변화촉진자들은 약 5개월간 활동하면서, 본부별 다양한 변화과제를 검토·개선하고 금감원의 정체성이나 태도에 대해서도 깊이 있는 토의를 진행하였다. 그 과정에서 직원들의 진솔한 목소리를 전하기도 하고 직원들에게 변화의 과정을 전하는 촉매제가 되었다. 그러나 리먼 사태가 촉발한 글로벌 금융위기의 파고는 변화촉진자들의

변화촉진자들의 타운미팅은 항상 열정적이고 적극적인 난상토론으로 이어지곤 했다.
사진은 변화촉진자 타운미팅 장면.

열정과 의지, 활동을 위축시키는 결과를 낳고 말았다.

글로벌 금융위기가 어느 정도 진정된 2009년 4월 29일, 변화촉진자 2기가 출범하였다. 기존의 70명 가운데 14명을 제외하고, 신입 직원 29명과 신규 적임자 7명을 충원하여 총 92명으로 구성된 2기는 11월까지 7번의 타운미팅과 다양한 교육 기회를 접했다.

1기 변화촉진자들의 운용과정상의 미비점을 보완하면서 조별 논의내용도 구체화시키고 좀 더 심화된 활동을 전개할 수 있었다.

2기 변화촉진자들이 추진하는 변화의 중심에는 금감원의 정체성 찾기가 자리하고 있었다. 이와 함께 조직문화 개선을 위해 꼭 필요한 세부과제에 대한 논의도 이어졌다. 변추단은 지원하고, 변화촉진자는 부서별로 직원들의 정서를 반영하는 체감적 아이디어를 발굴·육성토록 하면서 제역할을 찾아가고 있었다.

CA는 진화 중

한 생명이 태어나 성장하면서 아이에서 어른이 되어 가는 것처럼, 모든 변화는 진화한다. 변화촉진자 활동 역시 해를 거듭하면서 진화를 거듭하였다.

금융위기 속에서 탄생하여 위기 극복과정에서 활동했던 1, 2기 변화촉진자들은 변추단 주도로 본부별 변화과제를 선정하고 개선하는 데 주력하였다. 이 과정에서 성과만큼의 한계도 있었다. 변화촉진자들의 열의와 의지에도 다소의 문제가 나타났고, 실행의 주체가 아니었기 때문에 제안

변화와 마주하다

실효성이 문제가 되기도 하였다.

2010년 3월에 출범한 3기 변화촉진자는 이러한 문제점을 극복하기 위하여 본부 내에 '본부 변화추진팀'을 두고 아이디어 발굴에서 실행까지를 담당하였다. 선발 과정도 바꾸었다. 본부장이 변화촉진자 후보자를 개별 인터뷰하고 나서 본부별로 10명을 추천하고 변추단장이 이를 검토한 후 확정하는 방식으로 바꾸었다.

이렇게 선정된 현행 3기 변화촉진자는 스스로 본부 내 변화추진팀을 꾸리고, 본부별로 업무진행 과정에서 문제점을 파악하여 즉각적인 해결 방안을 마련하는 등 신속한 피드백을 통해 변화확산을 주도하고 있다. 이 과정에서 다른 직원들도 변화과제를 공유하고 수시로 의견을 제시하며 변화과제를 도출하고 실행하는 전 과정을 들여다보고 참여할 수 있게 되었다.

사람이 희망이라는 믿음에서 출발한 변화촉진자들의 지난 3년여 활동은 변화를 위한 또 하나의 실험이었다. 1, 2, 3기를 거듭하면서 많은 발전을 거듭하였지만, 그 과정에서 도태된 아이디어도 있었고 활동이 미진한 순간도 있었다. 그러나 변화촉진자들의 활동을 통해 구성원 스스로 변화를 추진하지 않고서는 변화는 무지개처럼 저 멀리에 있을 수밖에 없다는 공감대를 갖게 된 점은 그 무엇으로도 대신할 수 없는 큰 성과였다.

변화촉진자 제도는 여전히 실험 중이다. 시간의 흐름 속에 변화촉진자로 참여한 직원들의 지평이 확대되고, 고민의 수위가 비슷해지고, 변화에 대한 공감대가 폭넓게 형성되어 변화촉진자든 아니든 전 구성원이 실질적인 변화의 주역으로 자리매김할 때까지 지속될 것이다.

뿌리 내리기

이 세상에서 유일하게 확실한 것이 있다면,
그것은 변하지 않는 것은 없다는 사실이다.
- 존 F. 케네디

따로 또 같이

"상사는 무조건 회식을 쏘는 거, 우린 좋지만 합리적이지 않다고 생각해요. 하루라도 상사가 회식을 쏘지 않아도 되는 더치페이 데이(Dutch pay Day)를 만들어요."

"다양한 학습 동아리를 운영해요."

"성과지표 우수 직원에게 인사 및 연수 우대를 해줍시다."

2008년 7월의 어느 날 오후 4시 금감원 9층 대강당 풍경이다. 그것도 근무시간에 금융감독·검사와는 전혀 상관없는 이야기가 쏟아진다. 노변정담을 나누는 것처럼 화기애애한 분위기 속에 화수분처럼 아이디어가 샘솟는다.

변화와 마주하다

이곳은 '일할 맛 나는 회계서비스본부'의 변화추진 워크숍 현장. 본부장부터 회계서비스 1국, 회계서비스 2국, 회계제도실 전 직원이 모두 모였다. 강의도 듣고 자신들에게 필요한 변화과제를 얘기하면서 앞으로 추진해야 할 과제들을 점검하는 시간을 가졌다. 일할 맛을 내기 위한 과제를 선별하고 총괄담당자와 일정 등 세부사항을 결정하였다. 창의적 업무 프로세스 개선을 위한 과제들과 시장 친화적 감독서비스 제공을 위한 실질적 고민도 더해졌다.

이렇게 생경한 풍경이 전개된 배경에는 '변화수용도 및 개별과제 성과에 대한 원내 설문 조사' 결과가 자리하고 있다. 변화과제가 자신이 하는 업무에 별 도움이 되지 않고 변화과제를 수행해야 하는 동기도 부족하다는 의견이 컸기 때문이다. 피드백을 들을 수 있는 커뮤니케이션 채널이 활성화되지 못했다는 내부 평가는 본부별 워크숍을 지속하는 힘이 되었다.

이장영 감독총괄본부장과 팀원들이 변화추진 워크숍을 진행하고 있다.(2008)

좀 더 원활하고 활기찬 업무 수행을 위해서도 구성원 간의 친밀도를 높이고, 당면한 현안부터 미래 과제까지를 고민하는 기회를 마련할 필요가 있었다. 이에 따라 2008년 11월까지 9개 본부별로 워크숍을 진행하였다.

본부별 워크숍과 함께 '본부별 변화과제 관리체계'도 마련하였다. 변화의 범위·일정·품질·커뮤니케이션 등 4개의 관리 영역과 기획·실행·평가 및 사후 관리 등 3단계에 걸쳐 각 본부 직원들이 변화과제를 공감하고 함께 실천하고 시시각각 변하는 금융 환경에 따른 다양한 접근법을 모색하자는 취지에서였다. 수행 성과는 본부장 평가와 연계하기로 하였다.

또 변화 마일리지 제도 도입, 변화추진상 시상, 변화수기 공모 등 다양한 동기부여 방안이 모색되었다. 각 본부 직원들의 다양한 아이디어를 접수하고 변화를 추진하는 전 과정을 공유할 수 있도록 '변화추진 포털'을 개설해서 홍보와 종합관리가 가능하도록 하였다. 내부적으로 변화의 동력을 확대하면서도 본부별 특성에 맞는 변화의 바람이 일기 시작한 것이다.

'인생이란, 홀로됨과 같이함을 오가는 나룻배'라는 카뮈《이방인》의 한 대목처럼, 본부의 독자성을 각자 살리면서도 변화추진이라는 '같이함'을 체감한 시기였다.

꽃, 시드는가

내가 그의 이름을 불러주기 전에는
그는 다만 하나의 몸짓에 지나지 않았다
내가 그의 이름을 불러 주었을 때

변화와 마주하다

그는 나에게로 와서 꽃이 되었다

(후략)

　김춘수 시인의 절창처럼, '변화과제 관리체계' 수립 이후 본부별로 선정한 변화과제에 의미를 부여하면서 그 실체가 서서히 보였다. 하나의 몸짓에 불과한 것도 이름을 불러주면 꽃이 되듯 사소한 과제라도 본부 입장에서 고민하고 의미를 부여하면서 비로소 실제적인 '변화과제'가 되었다. 업무를 하면서, 회사 복도를 지나면서, 동료와 담소를 나누면서도 개선점을 찾고 변화과제를 논의한 결과다.

　막연한 아이디어가 아니라 기획부터 실행까지 전 과정을 주도하고 성과를 내야 했기 때문에 그 전보다 실질적이고 현실적인 방안이 도출되었다. 범위, 일정, 품질, 커뮤니케이션 관리 등 변화과제 관리체계의 4대 중점 관리 영역을 고려하여 선정된 과제들은 '변화과제 정의서'로 정리되었다. 본부를 통하거나 '변화추진 포털' 내 변화관리 게시판을 통해 취합된 항목은 총 18개. 본부별 면담을 거쳐 최종적으로 12개 항목을 '변화과제 정의서'에 담았다.

　이 과제는 본부 내에서 변화촉진자와 담당자들의 논의를 거쳐 금감원의 비전을 반영하는 과제로 발전되었다.

　"처음에는 각 부서에서 발굴한 주제가 금감원에 적합한지 부적합한지에 대한 타당성을 판단하는 그런 역할만 하다가 시간이 좀 지나고 나서는 금감원 전체의 문제점을 개선하는 방향으로 바뀌었습니다."

　그러나 2008년 9월 시작된 글로벌 금융위기의 파고는 본부별로 뿌리내리기 시작하던 변화의 열망에 어두운 그림자를 드리웠다. 금융위기라는 큰불을 끄고자 대다수 직원들이 휴일도 반납하고 위기 대처에 매진하

〈변화과제 정의서〉

- 검사 아카데미 설립 추진

- 민원만족도 제고를 위한 민원 처리 피드백시스템 구축

- 대외 금융통계서비스 개선, 검사 결과 통보기간 단축

- 모집질서 준수수준 평가시스템 정착

- 기업대출 연대보증 제도 개선

- 저축은행의 불법 부실대출 조기 발견을 위한 차세대 여신검사시스템 구축

- 서민금융 119 서비스 활성화

- 펀드 판매회사에 대한 미스터리쇼핑 제도 도입

- 증권회사 인사업무 관련 Due Diligence 확립

- 회계상담역 제도 도입

- 외부감사인 선임보고 시스템 전산화

- 불공정거래조사 수행방식 개선

는 상황이었다. 변추단 직원들도 하나 둘 금융위기 대응 업무에 차출되면서 16명이었던 인원이 절반도 남지 않아 변화의 꽃을 피우려던 노력이 잠시 중단되는 듯 보였다. 하지만, 금융위기라는 혹한의 겨울 속에서도 변화의 꽃이 피어날 수 있게 의지를 꺾지 않고 변추단 조직을 유지하면서 활동을 지속하였다.

변화와 마주하다

하나가 된 힘

연말이면 언제나 '다사다난했던 한 해'라는 표현을 듣곤 하지만, 2008년은 금감원 역사에 기록될 만큼 다사다난했던 격변의 한 해였다. 금융위원회와의 분리, 조직개편에 따른 본부제 도입, 변화과제 발굴 및 추진, 미국발 금융위기 대응 등 숨 돌릴 여유조차 없이 정신없이 지난 해였다.

새해 전망도 불투명하였다. 2009년이 더 어려울 것이라는 관측 속에 희망을 얘기하기에는 일렀다. "일부 못 따라오는 사람 때문에 전체가 속도를 내지 못하는 일은 없어야 한다."라는 대통령의 말씀은 긴장감을 더하였다. 조속한 위기극복을 위해 신속하고 일사불란한 대응이 요구되었다.

금감원은 신속하게 금융시장 모니터링을 하고 철저하게 상황을 파악하여 즉시 대응할 수 있는 체계를 만들어야 했고, 국민이 제도 변경으로 인해 금융 거래 때 우왕좌왕하지 않도록 2009년도에 바뀌는 금융제도를 적극적으로 알릴 필요도 있었다. 금융위기로 고통받는 서민들의 금융 애로를 완화하기 위한 구체적 조치들을 전개해 나감으로써 국민 속으로 한 발 다가가는 것만으로도 벅찬 상황이었다.

또 한 명의 동료가 세상을 떠났고, 업무 부담은 가중되기만 하였다. 원장은 어려운 시기인 만큼 조직을 위해, 국민을 위해 몸을 던진다는 생각으로 일해야 한다고 강조하였다. 그만큼 직원들이 느끼는 부담도 커졌다.

그러나 이제 와 돌이켜 보면 2008년의 어려운 시기를 무난히 극복할 수 있었던 것은 책임감뿐만 아니라 동료를 잃은 슬픔 속에서 '우리는 하나'라는 인식을 공유하였기 때문이라고 생각한다.

"본부 내 유대감을 강화하고 펀(Fun) 경영을 실현하라."

"금융위기에 위축된 직원들의 사기를 높이고 건전한 조직문화를 만들어야 한다."

"긴장감과 위기감에 피로한 직원들에게 본부장들의 감성 리더십이 절실히 필요한 시점이다."

2009년 새해 벽두 원장의 주문이었다. 새해 들어 달라진 것은 없었다. 글로벌 금융위기가 진정 국면을 보였으나, 비상경제체제를 가동하는 등 조기에 위기를 극복하기 위한 범정부차원의 노력은 더욱 강화되었다. 금감원은 할 일이 더 많았다. 실물과 금융부실 악순환의 고리를 끊으려면 신속하고 철저하게 기업구조조정에 매진해야 했다.

선진국 금융회사가 잠재부실에 적절히 대처하지 못함으로써 또 다른 위기가 재발할 수 있다는 우려도 컸다. 잠재 리스크 요인을 종합적으로 점검해야 했고, 특히 가계와 중소기업 등이 파산이나 도산하지 않도록 철저한 모니터링과 지원책 마련이 요구되는 시점이었다.

아울러 원장은 '펀(Fun)' 경영과 '감성 리더십'을 발휘해 줄 것을 당부하였는데, 이렇게 중차대한 상황일수록 부드러운 것(감성 리더십)이 강한 것(위기)을 이길 수 있도록 유연하게 대처하라는 취지였다. 변추단은 '행복한 직장 만들기 캠페인'이나 '원장과 직원 간 오찬 모임' 등을 통해 직원들의 사기진작에 주력하였다. 보고문화 개선 등 효율적 업무진행과 조직문화 개선을 위한 노력도 더해졌다.

위기 속에서 추진한 감성 리더십의 효과는 즉시 나타났다. 밤낮을 가리지 않는 격무 속에서도 본부별로 관심과 기호에 맞는 문화 활동과 현업 과제를 연계하면서 탈진하지 않고 엄중한 현실을 극복할 방안을 찾아 나 갔다. 감독총괄본부는 오페라 〈라 보엠〉을 함께 관람하며 감성이 깃든 정 책 아이디어를 구상하였다. 경영지원·소비자 보호본부 직원들은 관악산 과 도봉산을 등산하며 활기찬 조직문화를 형성하자고 다짐하기도 하였 다. 회계서비스본부에서는 개그맨을 초청하여 강연을 듣기도 하였다.

부드러움이 깊어지니

워크숍은 회를 거듭하면서 조직문화 개선을 가시화하는 방향 으로 진화하였다. 2008년에도 본부별로 자유롭게 워크숍 프로그램을 구 성하였고, 2009년에는 '펀 경영'과 '감성 리더십'에 초점을 맞추어 프로 그램의 내실을 기하였다.

2010년에는 여기에서 한 발 더 나아가 변화추진 워크숍을 통한 고민의 결과를 변화과제에 연계하는 방향으로 확대하였다. 변화과제 추진 경로 도 각 본부의 실질적인 변화에 영향을 미치고 금감원 전체의 변화를 이 끌어낼 수 있는 방향으로 발전하였다.

대표적인 사례가 자본시장조사본부에서 추진한 '신뢰받는 조사본부, 신나는 조사본부'이다. 조사 업무는 선의의 투자자를 보호하고, 공정한 자본시장 질서를 확립하기 위해 반드시 필요한 업무이지만 혐의 입증을 위해 관련자를 대면 상대하는 등 조사원이 홀로 부담해야 할 짐이 무거 운 게 사실이다. 몇 달간 자료를 받아 분석하고, 수십 명을 문답해야 하는 일이 다반사이며, 사건을 처리하는 과정에서 전문 변호사로 구성된 로펌에 외로이 맞서야 하는 일도 발생한다. 몇 년 전 과로사한 선배 조사원의 사례는 조사 업무의 험난함을 방증한다. 대외의 시선도 녹록지 않다. 절차에 따라 공정하게 업무를 수행하지만 언론 및 국회 등에서는 종종 특정 사건의 조사절차에 대해 의문을 제기하기도 한다. 지금은 많이 나아졌지만, 사건 종료 이후 검찰·법원에 출석하여 진술하는 과정에서 조사원이 피의자 취급을 받는 당혹스런 촌극도 심심찮게 발생한다. 이러한 대내외 환경으로 금감원 직원들 사이에 자본시장조사본부는 '기피 부서'나 '떠나고 싶은 부서'로 인식되었다.

"우리 회사의 항공기는 모방할 수 있다. 또한 우리의 저가항공 모델도 베낄 수 있다. 그러나 사우스웨스트 항공의 직원과 그들의 태도만은 복제할 수 없을 것이다."
 ‑ 허버트 켈러(사우스웨스트 항공사 창업자 겸 회장)

2008년 6월, 조사본부는 사우스웨스트 항공사 창업자 겸 회장의 말처럼 모방할 수 없는 자긍심을 모토(motto)로 설정하고 직원의 인식전환 등 조직문화 변화를 위해 2회에 걸쳐 설문 조사를 실시하였다. 조사국 기피사유 및 건의사항에 대한 조사 결과를 토대로 자긍심 고취를 위한 우선 추진사항 설정, 변화추진 워크숍, 일곱 차례의 본부장 편지 등을 통해 변화의 필요성을 확산시켜 나갔다.

방대한 자료를 분석해야 하는 업무 특성을 고려하여 금감원 최초로 23인치 대형 모니터를 지급하였으며, 장시간 문답에 따른 고충을 참작하여 전원 신형 의자로 교체하는 등 업무환경을 개선하는 노력도 병행하였다.

변화와 마주하다

자본시장조사본부의 직원들이 외부 강사의 특강을 듣고 있다.
자본시장조사본부는 직원들의 업무편의 향상과 사기진작을 위해 여러 과제를 추진하였다.

2009년 6월에는 조사1, 2국에 각 두 명의 변호사를 충원하여 조사원이 검찰과 법원 출석·진술 시 변호사가 동행하도록 하는 '변호사 조력 제도'를 실시하였다. 조사원이 타 부서로 전출할 때는 변호사가 해당 사건을 승계·관리함으로써 업무 공백을 최소화하도록 하였다.

상하 간 원활한 소통에도 노력을 기울였다. 2009년 〈작전〉, 2010년 〈월스트리트 2〉 등 매년 본부 직원 모두가 함께 영화를 관람하는 등 술자리 위주의 획일적인 회식을 지양하고 부서원 모두가 참여하고, 즐길 수 있는 행사를 마련하였다.

대외적으로는 절차의 투명성 제고 및 피조사자 권익 보호를 최우선 목표로 삼았다. 조사 대상자가 불안해하지 않도록 자본시장조사심의위원회 종료 후 무혐의자에게 '혐의가 없음'을 유선으로 통보하였고, 은행·증권회사 등 금융 거래 정보 요구가 많은 금융회사를 직접 방문하여 애로·건의사항을 귀담아 들었다. 전화응대 요령을 전 조사원 책상에 비치하고, 외부강사 초청 친절교육을 수시로 실시하는 등 자체적인 전화 친절도 제고 캠페인도 하였다.

조사절차의 적정성을 높이고자 '조사권한 남용금지 조항'을 신설해 법률 개정을 추진하였고, CCTV 녹화 및 전화녹취 내규를 「조사업무규정 시행세칙」으로 상향 일원화하였다. 또한 조사 대상자가 조사 처리 절차를 쉽게 이해할 수 있도록 출석 요구 때 '업무 처리 절차' 안내문을 동봉·발송하고, 진술 종료 후에는 설문 조사를 하여 업무 행태 개선에 반영하였으며, 민원이나 제보가 접수된 경우 조사 업무에 대한 이해도를 높이고자 민원·제보 회신문에 업무처리 과정을 알기 쉽게 구체적으로 기술하였다.

이러한 노력이 조사본부 직원들을 조금씩 변화시키기 시작했으며, 그 성과가 점차 가시화되었다.

우선 조사원 간 자발적인 조사기법 공유를 통해 신종 불공정거래에 대한 전문성을 강화하려는 분위기가 확산되었다. 특별조사반을 편성하여 경미한 사건을 조기에 처리하고, 중대 사건에 을 집중하는 등 업무 효율성 제고를 위한 노력도 전개하고 있다. 20억원의 예산을 확보하여 조사 전산시스템을 전면 개편하는 작업도 활발히 진행 중이다. 무엇보다 과거 기피 부서라는 피해의식이 사라지고, 업무에 대한 자부심과 긍지가 충만해졌다.

조사 업무에 대한 외부 평가도 긍정적으로 변하고 있다. 2009년 7월부터 국민권익위원회 청렴도 측정 대상에서 조사 업무가 전격적으로 제외되었으며, 금융감독서비스에 대한 외부 평가도 "조사자의 전문성 향상, 조사 업무의 효율성과 신뢰성 제고 및 조사자 태도 개선 등에서의 변화 노력은 긍정적입니다."라고 우호적으로 나타나고 있다.

편 경영의 효과는 문화 나눔을 넘어 본부별 과제 발굴과 조직문화 개선으로 이어졌다. 변추단의 적극적인 지원 아래 각 본부는 특성을 살린 다양한 프로그램의 워크숍을 추진하였다. 전략기획본부는 검사 인력의 전문성 제고 등 검사기능 강화와 고객 맞춤형 감독서비스 방안을 모색하였다. 금감원 이미지 제고 및 부서 간 업무협조 방안은 경영지원본부와 소비자 보호본부 양쪽에서 도출되었다. 감독서비스총괄본부는 확인서 징구 제도 폐지를 내놓았고, 은행업서비스본부는 업무보고서 간소화 및 검사 아카데미 개선 방안을 마련하였다. 워크아웃에 대한 홍보 방안은 기업 재무개선지원단(기재단)에서, 조직문화 개선 방안은 중소서민금융본부에서 도출하였다. 보험업서비스본부는 검사품질 제고 및 금감원 직원 태도 개선 방안을, 금융투자업서비스본부는 금감원의 대외 이미지 개선 방안을 도출하였다. 기업공시본부는 내부 DART 검토시스템 개선안을 마련하였고, 자본시장조사본부는 현행 조사시스템 및 품질 개선 방안을, 회계서비스본부는 시장친화적 서비스 및 IFRS 도입 관련 대책을 내놓았다.

부드러운 것이 강한 것을 이기는 '편 경영'과 '감성 리더십'이 행동변화를 통하여 업무성과로 이어진 것이다.

북돋우기

한 아름의 나무도 티끌만한 싹에서 생기고

9층의 높은 탑도 흙을 쌓아서 올렸고, 천 리 길도 발밑에서 시작된다.

– 노자

힘을 더하는 마일리지

"생명은 지속이다. 끊이지 않고, 끊어졌다가도 다시 잇는 것이 생명이다."라는 함석헌 선생의 말처럼 변화는 중단되면 소멸하고 마는 생명 같은 것이다. 중단 없는 변화추진은 생명의 본질처럼 변화의 속성이다. 이를 위해서는 동기부여가 중요하다. 특히 변화 활동의 초기에는 즉각적이면서도 공개적인 인정과 보상이 중요하다. 적극적 인정과 유무형의 보상을 통해, 아무리 사소한 성과일지라도 성과는 보상으로 직접 연계된다는 것을 구성원들에게 명확히 인식시켜야 한다.

금감원은 2004년부터 '정보수집 마일리지' 제도를 운용하였다. 2005년에는 '변화혁신 마일리지', 2006년에는 '지식 마일리지'와 '사회공헌 마

변화와 마주하다

일리지' 제도를 추가 도입하였다. 그러나 다양한 마일리지 제도가 산발적으로 운영되면서 큰 실효성을 거두지 못한다는 지적에 따라 2008년 9월부터 금감원 내의 각종 마일리지를 통합·개편한 '변화 마일리지' 제도를 도입·실시하였다. 마일리지가 쌓이면 연도별 누적 마일리지에 따라 표창과 상금, 특별휴가 등을 지원하는 포상 내용도 확정하였다.

마일리지 통합의 효과는 누적 점수의 양적 성장으로 나타났다. 2009년에는 직원 1인당 변화 마일리지가 목표치를 웃도는 성과를 낳기도 하였다. 2010년 들어서는 더욱 증가하여, 1월부터 9월까지 직원 1인당 변화 마일리지 점수가 전년도 같은 기간보다 20% 가량 상승하였다. '변화 마일리지' 제도가 변화과제에 대한 직원들의 관심을 확대하고 참여를 독려하는 효과를 가져온 것이다. 그러나 부작용도 있었다. 마일리지 점수를 쌓는 데 집중하면서 지식 등록 및 정보 수집에 대한 평가를 단순히 클릭만 하거나, 부서·동아리 학습 활동이 형식적으로 운영되는 문제점이 나타났다. 무엇보다 변화 마일리지 점수의 양적 성장에도 불구하고, 변화의 질적 성장을 이루는 방향으로는 진화하지 못하였다. 조직 내의 인정과 보상 프로그램으로 단순한 격려나 감사의 표시가 아니라, 지속적으로 발전하기 위해 의미 있는 기여를 공인해 주는 가장 효과적인 방법으로 자리매김해야 한다.

변추단은 '변화 마일리지'를 실행하여 금감원 직원들의 의미 있는 기여를 견인하고자 2010년 12월, 2년간의 변화 마일리지 제도 운영의 공과를 점검하면서 '변화 마일리지 체계 개편안'을 마련하였다. 개편안의 골자는 크게 세 가지이다. 첫째, 금감원의 핵심가치 내재화를 도모하기로 하였다. 공정성을 위한 청렴 마일리지 신설이 대표적인 예다. 청렴 마일리지란 청렴한 조직문화 정착을 위해 금감원 임직원의 금품·향응수수 자진 신고, 반부패 청렴교육 참석 등에 부여하는 인센티브 제도로 기존 사회 공헌 마일리지를 확대 개편하여 만든 것이다. 둘째, 마일리지를 위한 변화가 아니라 변화를 위한 마일리지가 될 수 있도록, 변화를 효과적으로 유도하면서도 직원의 업무 외적 부담을 덜도록 하였다. 기능화된 부서·동아리 학습 활동 등은 폐지하고 연간 목표 마일리지 하향 조정과 함께 지식공유 부문과 정보수집 부문을 통합하는 등 마일리지 적립의 효율성을 높이기로 한 것이다. 셋째, 마일리지 조회 인프라를 구축하여 언제나 자신의 마일리지를 확인할 수 있도록 예측 가능성과 투명성을 높이기로 하였다.

체험을 공유하다

변화를 조직과 구성원 개개인에게 뿌리내리는 것을 돕는 또 하나의 방법은 체험기를 공유하는 것이다. 변화를 향한 개인의 생생한 도전기에는 도전과 응전, 갈등과 좌절 가운데에서 일군 희망의 체험이 담겨 있기 때문이다.

변추단은 구성원의 흥미를 유발하면서도 변화추진의 파급 효과를 가져올 수 있는 개인적 경험을 발굴하고 공유하고자 '변화수기상'을 만들어 포상하기로 하였다. 2008년과 2009년에는 개인의 변화도전 성공 사례를 주제로 변화수기를 공모하였고, 2010년에는 약간의 변화를 주어 개인의 변화도전 성공 사례는 물론 기본 업무를 묵묵히 수행하여 조직의 긍정적 변화를 이끌어낸 사례도 공모하기로 하였다. 수기의 내용도 본인의 이야기뿐만 아니라 선후배, 동료의 이야기로 확대하였다. 그 결과 리스크 검사지원국 원대식 팀장의 '대한민국을 넘어 세계에 도전하기'가 대상의

변화와 마주하다

영예를 안았다.

"2010년 10월의 어느 날 '내 생애 최고의 순간'은 한 통의 이메일과 함께 찾아왔다. 바젤위원회에서 보내온 세미나 초청 소식. 순간, 지난 1년여의 일들이 주마등처럼 스쳐갔다. 시중은행 실무진과의 몇 달에 걸친 작업반 운영, 논문화 작업, 그리고 팀원들과 함께 머리를 맞대고 지새웠던 새하얀 밤들. 어느 하나 쉬운 일이 없었고, 고난과 역경의 연속이었지만 '포기'는 없었다. 우리에겐 '믿음'이 있었기 때문이다. 대한민국의 리스크 기법이 세계에 인정받는, 오늘 같은 날이 반드시 오리란 것을 말이다."

공통핵심위험지표(KRI, Key Risk Indicator) 관리의 새로운 방법론을 제시하기까지의 고민과 설득, 거듭된 난관을 극복한 감동적인 과정이 생생하게 담겨 있는 수기였다. 이렇게 지난 3년간 축적되고 공유된 변화수기는 금감원 사람들이 직접 경험한 변화의 산 증거였다. 업무 특성상 타 부서 업무에 대해서는 관심을 두기 어려운 직원들 사이에서도 자연스럽게 공감대를 형성할 수 있는 사례였다.

시간의 흐름과 함께 '변화수기상'의 포상 범위와 응모 형식에도 변화가 생겼다. 2009년까지는 작성자만을 포상하였으나, 2010년에는 작성자뿐만 아니라 수기의 주인공도 포상 대상으로 삼기로 하였다. 그래서 탄생한 것이 'Best 금감인'이다. 'Best 금감인'은 감독 업무 수행의 밑바탕이 되는 기본 업무를 차질없이 수행하여 조직의 긍정적인 변화를 이끌어낸 선후배, 동료의 숨은 공로와 노력을 인정하고 자긍심을 고취하고자 신설하였다. 표면적으로 드러나는 공적을 포상해 온 지금까지의 포상 방법과는 달리, 주목받지 못하는 업무를 수행하면서도 탁월한 성과를 내는 숨은 공로자들을 포상하고자 한 것이다. 숨은 공로자는 바로 옆에서 함께 일하면서 지켜본 동료가 가장 잘 알 것이라는 판단에 따라, 변화수기를 이용한 숨은 공로자 발굴 프로젝트가 시작되었다. 검사, 조사, 소비자 보호 및 경영지원 4개 부문별로 2010년 'Best 금감인'을 선정하기로 하였다. 그 결과, 검사 부문은 특수은행서비스국 부남호 부국장, 소비자 보호 부문은 분쟁조정국 정태두 수석, 경영지원 부문은 정보화전략실 이정운 선임, 부서총무 부문에서는 금융투자서비스국 송현정 조사역이 선정되었다.

변화수기상의 응모 형식도 다채로워졌다. 변화수기와 함께 UCC 형식으로 공모한 결과, 정보화전략실 김정헌 선임의 '컴퓨터에 심은 소통과 감성의 나무'가 첫 '변화 UCC' 최우수상을 받았다. DRM 복호화의 번거로운 문제를 새로운 접근 방법으로 해결한 과정, 열린 게시판의 익명성을 보장하는 필명 시스템 알고리즘을 구현한 일, 메마른 게시판에 '사이버 약속나무'를 개설하여 따뜻한 감성을 담은 이야기 등 변화의 성과들이 생생한 영상에 고스란히 담겨 있는 작품이었다. 특히 "정보기술 분야는 금감원에서 후선부서이다 보니 현업부서의 요청을 보완하는 선에서 스스로 역할을 한정 짓는 경향이 있습니다. 그러나 정보기술을 소통과 감성의 도구로 활용할 수 있도록 노력하면 큰 변화를 이룰 수 있습니다."라는 마무리는 경영진에 의한 일방적인 변화추진이 아니라, 인정과 보상 속에서 직원들 스스로 주인의식을 갖고 한 단계 성장한 변화를 체험하고 있음을 확인하는 계기였다.

피그말리온 효과

정당한 평가와 그에 따른 적절한 보상은 구성원들의 능동적 참

변화와 마주하다

여를 이끌어낸다. 금융위기 속에서도 맥을 이어온 변화의 동력을 회복하고, 직원들이 즐겁게 일하는 조직을 만들기 위해서는 변화추진의 성과가 필요하였다. 변화를 이끈 사례를 통해 변화는 구호가 아니라 현재 진행형임을 체감하게 함으로써 변화에 대한 저항은 잦아들고 동참은 확대될 수 있기 때문이다. 변추단은 팀과 핵심 담당자를 대상으로 비전을 잘 반영해서 업무를 훌륭하게 처리한 사례나 금감원의 관행을 개선한 사례, 조직문화나 경영과 관련된 변화를 이끈 사례 등을 공모하여 '변화추진상'을 수여하기로 하였다. 2008년 도입 첫해에는 총 34편의 사례가 접수되었다. 최우수상 등 모두 10건을 포상하였고, 수상자에게는 표창장과 상금 및 특별휴가를 주었다.

2009년에는 금융위기를 극복하는 과정에서 좀 더 고객에게 다가가는 실질적 변화 목록들로 채워졌다. 대상 수상작인 서민금융지원실 서민금융총괄팀의 '서민에게 꿈을 심어주는 희망홀씨대출'은 위기대응으로 잠시 주춤했던 변화와 혁신에 다시 집중하고 여러 변화 제도를 도입하면서 변화에 대한 관심과 기대가 높아지자, 변화추진 사례 역시 더 깊고 넓어졌음을 보여준 대표적인 사례였다.

희망홀씨대출은 2008년 말 현재 신용등급이 7등급 이하인 사람이 808만 명이나 되고, 그 중 4분의 1가량이 제도권 금융회사와 정상적인 금융거래를 하지 못하거나 할 수 없는 상황이라는 문제의식에서 출발하였다. 금감원은 2009년 1월 은행연합회와 주요 대형은행이 참여하는 TF를 구성하고, 3월부터 14개 시중은행에서 서민 전용대출인 '희망홀씨대출'을 취급하기로 결의하였다. 대출 취급 실적을 은행 경영실태평가 때 반영하기로 하고, 원장이 대출 취급 우수 점포를 방문하여 격려하는 등 유형무형의 지원을 아끼지 않았다. 그 결과 외국계 은행까지 추가로 참여하면서

2009년 12월에 저신용·저소득 서민 20만 1,774명에게 1조 1,873억원을 대출하는 실적을 거두었다. 연 30%대의 고금리 대출을 받을 수밖에 없는 서민들에게 연평균 9.4%의 저리 대출을 취급토록 함으로써 직접적인 이자비용만 연간 약 2,500억원가량을 절감할 수 있었다. 연체율도 일반 신용대출보다 양호해서 저신용자들의 금융비용이 대폭 줄어든 것은 물론, 신용등급이 상향되는 선순환구조를 형성하였다. 금융시장 전체적으로도 서민에 대한 자금 공급이 증가하고, 경쟁을 촉진함으로써 고금리 대부업체 등의 대출금리 인하를 유도할 수 있게 되었다.

고객들의 감동 어린 반응이 이어졌다. 희망홀씨대출 수혜자 수기 공모 결과 70여 편의 응모작 모두 한결같이 대출을 발판으로 경제적 어려움을 극복하고 새로운 삶에 대한 희망을 품게 되었다는 감동 어린 사연이었다. 언론의 평가도 좋았다.

이러한 성과를 인정받아 당시 핵심 담당이었던 김병기 수석조사역(수석)에게는 4일간의 특별휴가가 주어졌고, 팀에는 표창과 상금이 수여되었다. 이렇게 성과를 낸 핵심 담당자뿐만 아니라 팀까지 포상하는 효과는 긍정적 파급효과가 있었다. 사람들의 믿음이나 기대, 관심 덕분에 결과가 좋아지고 능률이 오르는 피그말리온 효과처럼, 직접 상을 받는 당사자뿐만 아니라 참여한 구성원 모두에게 주인의식과 변화의 중심에 서겠다는 의지를 다질 수 있는 계기가 되었다.

2008년과 2009년에는 개인에게만 수여하던 '우수 변화촉진자상'을 2010년 들어 팀으로 확대 개편한 이유도 여기에 있다. 대상의 영예는 소비자서비스본부 변화추진 2팀의 '전문성 강화를 위한 금융분쟁정보시스템(FDIS) 도입'이 차지하였다.

변화를 독려하기 위한 인정과 보상이 또 다른 변화를 만든 것이다.

변화와 마주하다

변화라는 옷 입기

말로만 외치는 '고객 중심의 사고'가 아니라 권위의 옷을 벗고 고객을 향해 한 걸음 먼저 다가서고 편의를 제공할 수 있는 구체적인 방법을 찾아 나섰다. 고객 입장에서 생각하고 작은 불편에서부터 하나씩 개선해 나가자 고객의 인식과 평가도 어느새 긍정적으로 달라져 있었다.

피감기관에서 동반자로

세상에서 보기를 바라는 변화,
스스로 그 변화가 되어야 한다.

- 마하트마 간디

원장의 사과

"사과드립니다. 죄송합니다"

2008년 7월 2일, 종합검사가 한창이던 SC제일은행 강당에 나타난 금감원장의 일성이다.

때 아닌 무더위와 컴퓨터에서 뿜어내는 열기, 여기에 검사를 진행하는 금감원 직원들과 검사를 받는 은행직원들 간의 눈에 보이지 않는 신경전까지 더해져서 찜통을 방불케 하던 검사장이 일순간 술렁였다.

"금감원장이 검사장을 방문한 것도 놀라운 일인데, 사과라니. 왜? 무슨 일이지?"

현장에 있던 직원들은 같은 생각을 하면서도 차마 말을 꺼내지도 못한 채 어찌 된 영문인지 살필 수밖에 없었다. 예고 없는 금감원장의 방문에 은행장도 부랴부랴 검사장으로 올라왔다.

"금융위원회와 금감원의 분리, 금감원 조직개편 등으로 불가피하게 검사 일정이 지연되었습니다. 진심으로 사과드립니다."

원장이 검사장까지 직접 찾아와서 사과한 배경은 애초 4월로 예정되어 있던 종합검사가 지연된 데 따른 것이다. 종합검사는 일부분만 중점적으로 보는 부문검사와는 달리 은행의 모든 사항을 꼼꼼하게 살펴보는 종합적인 과정이다. 방대한 자료에 대한 검토가 이뤄져야 하는 만큼 평균 검사기간도 한 달 가까이 걸리고, 검사 인력도 대거 투입된다. 그래서 종합검사를 받는 은행은 검사에 대비하기 위해 자료를 정비하는 것은 물론, 강당 등 대규모 검사장을 갖추고 컴퓨터 등 인터넷 환경을 구축하는 등 만반의 준비를 한다.

당시 검사장으로 쓰인 SC제일은행 강당은 평소 직원들의 결혼식장으로 사용되는 곳이었다. 은행은 늦어도 5월 말이면 모든 검사가 마무리될 것으로 알고, 6월부터 직원들의 결혼식 일정을 잡았다. 그런데 검사가 계속 지연되면서 은행 일정에 차질이 생겼을 뿐만 아니라, 결혼을 앞둔 직원들이 갑작스럽게 다른 결혼식장을 구해야 하는 일대 소란이 빚어졌다.

"강당이 검사장으로 사용되면서 주말에 결혼식장으로 사용할 수 없게 돼 직원들에게 큰 불편을 끼친 것으로 알고 있습니다. 다시 한 번 사과드립니다."

"또 불시에 찾아와서 죄송합니다."

원장의 거듭된 사과에 SC제일은행장은 "오히려 불시 방문이 감사합니다. 예고하고 오셨으면 사전에 준비하느라 더 힘들었을 것입니다."라고 답하였다. 그러자 여기저기에서 가벼운 웃음이 터져 나왔다. 팽팽했던 검사장 분위기가 순식간에 화기애애하게 바뀌면서 '수요자 중심의 고객 프렌들리 검사'를 체감하는 순간이었다.

이 자리에서 원장은 검사 관행을 개선하기 위한 몇 가지 방안도 내놓았다. 소매금융 등 특정 부분은 현장검사 대신 서면으로 검사하고, 검사 이틀 전 은행 경영진에게 검사 사전설명회(Entrance Meeting)를 실시하겠다고 약속하였다.

이 일은 당시 여러 언론에서 상세하게 보도하면서 금융회사의 '상전'으로 인식되던 금감원에 대한 시각을 바꿔놓는 계기가 되었다.

이후에도 금감원 경영진의 현장 깜짝 방문은 지속되었다. 신임 임원들이 먼저 현장을 찾아 취임인사를 전하고 애로사항을 청취하는 등 몸 낮추기를 실천하였다. "예전 같으면 우리가 먼저 인사하기 위해 시간약속 잡느라 부산을 떨었을 텐데, 금감원 진짜 많이 변했다."라는 평가가 이어졌다.

말로만 외치는 고객 중심의 사고가 아니라, 고객이 체감할 수 있게 먼저 다가가고 고객의 편의를 제공할 방안을 강구한 데 따른 인식의 변화였다.

역지사지(易地思之)

금융회사를 대하는 금감원의 태도변화는 원장의 취임사에서부터 예고되었다.

"군림하는 것이 아니라 도와주고 배려하는 섬김의 자세로, 규제 중심에서 경쟁력을 지원하는 방향으로, 제재 중심에서 컨설팅 중심으로 감독의 패러다임을 전환해 나갈 것입니다."

"특히, 앞으로 업무를 처리할 때도 금융감독 서비스의 고객인 금융회사 입장에서 생각하는 역지사지(易地思之)의 자세를 생활화하고, 감독의 효용과 금융회사의 규제준수 비용을 항상 같이 생각하는 커머셜 마인드(Commercial Mind)가 바탕이 되어야 합니다."

처음 이 대목을 들었을 때만 해도 금감원의 많은 직원이 정체성에 혼란을 느꼈다. 감독 시스템에 대한 시대적 요구가 강할 때는 느슨한 감독을 질타하다가 상황이 바뀌면 고객 서비스 정신을 강조하는 이중적 잣대는 감독기관으로서 어쩔 수 없이 감내해야 하는 상황이었지만, 커머셜 마인드는 고객 서비스 정신을 넘어서는 것이었다.

그러나 취임 며칠 뒤인 4월 3일부터 검사현장을 사전 통보 없이 전격 방문하고, 검사 관행을 점검하는 원장의 모습은 금융회사 입장을 고려한 역지사지의 실천이었다. 특히 처음으로 방문했던 동부생명 검사현장에서 강압적인 검사를 바꾸겠다는 메시지를 분명히 전달하면서 검사 관행이 크게 달라졌다.

우선 분위기가 바뀌었다. 금융회사 직원에게 가벼운 와이셔츠 차림으로 들어올 것을 강조하였다. 더운 날씨에도 정장 상의 단추와 넥타이까지 꼼꼼하게 챙기고 긴장된 표정으로 검사장에 들어서던 과거의 모습이 사라졌다.

검사 진행 모습도 바뀌었다. 과거 마주 보고 앉아 취조하던 느낌에서 탈피하여 검사원 옆에 수검직원이 앉아 서류를 놓고 문제점에 대해 대화를 나누는 방식도 병행하였다.

수검기관의 부담을 최소화하기 위해 검사장에서 마시는 커피 비용도 나중에 정산해서 돌려주었다. 윤리강령에 따라 검사기간 중 피검기관 관계자들과 식사를 하지 않는 것은 이미 오래 된 일이다. 강압적 검사 등 검사과정의 문제점을 사후 점검하기 위한 감찰 활동은 금감원 출범부터 있었고, 수년 전부터 더욱 강화되었다. 2005년부터는 한 사람이 특정 금융회사를 지속적으로 관찰하는 금융회사별 전담검사역(RM, Relationship Manager) 제도도 도입되었다. 그러나 시장에서의 체감도는 크게 달라지지 않은 상황에서, 김종창 원장 취임 이후 현장검사 축소, 신분적 제재에서 금전적 제재로 제재방식 변화, 모범 사례 발굴 등 시장 친화적인 검사를 더욱 강조하면서 검사 관행을 바꾸어 나갔다.

고객 입장에서 생각하고, 작은 불편부터 바꿔 나가자 고객들의 인식과 평가도 달라져 갔다.

고객을 바라보니 고객이 함께하다

금융회사를 동반자로 인식하는 변화는 2008년 7월 금융회사와의 커뮤니케이션 활성화 방안을 마련하는 것으로 이어졌다. 그동안 온·오프라인 채널을 통해 금융회사의 의견과 건의사항 등을 수렴했지만 미흡했다는 반성에서 출발하여, 우선 주로 회의체 방식으로 진행하던 고객과의 대면방식에 변화를 주었다.

그동안 감독 업무 종사자로서의 청렴성을 강조하고 유착의 연결고리를 차단한다는 취지에서 사적인 접촉을 원천적으로 금지하였다. 이에 따라 금융회사와의 커뮤니케이션 채널이 제한적으로 운용되면서 "일방적

변화라는 옷 입기

으로 의사 결정을 한다.", "업무태도가 경직되어 있다", "불친절하다" 등의 오해가 있었다. 사회적으로도 권위주의를 벗고 소통이 강조되는 분위기였고, 정부와 언론에서도 금감원이 금융시장과의 원활한 의사소통을 통해 동반자·협력자로서의 역할을 수행해야 한다는 목소리가 높았다. 금감원 내부에서도 감독 업무 행태 개선을 위한 다각도의 노력이 전개되었고 실질적인 변화도 있었지만, 소통 부족은 오해를 사실로, 과거의 관행도 현재의 모습으로 기억하게 하였다.

고객과의 대면방식 변경은 금융업종 전반의 의견을 다양하게 수렴하기 위한 채널 확대로 구체화되었다. 새롭게 업종별 정례간담회를 구성하고, CEO뿐만 아니라 임원과 실무자급 간담회를 추가해 균형적인 의견을 들을 수 있도록 하였다. 논의 내용에도 제한을 두지 않고 금융산업 상황에 맞게 적절한 주제를 선정하였다.

그 결과, 일부 금융업종은 금융위기 대응으로 간담회가 개최되지 못했음에도 2008년 4/4분기에만 30여 차례의 정례간담회가 개최되었다. 특히 서민을 위한 중소서민 금융회사에 대한 간담회가 확대되면서, 2010년에는 총 86회 개최되어 2009년 73회에 비해 17.8%의 성장세를 보였다.

업계와의 개방형 간담회도 확대하고, 원이 금융회사 임직원을 부르던 방식에서 탈피하여 감독자들이 고객을 직접 찾아가는 방식으로 바꾸었다. 영국 FSA의 'Requesting an FSA Speaker'처럼 금융회사나 업계에서 금감원 직원을 초청해 감독 업무에 대한 강연을 듣는 방식이었다. 이를 통해 2008년 7월 시행 이후, 금융위기의 혼돈 속에서도 7개월 동안 다섯 차례의 '감독자초청간담회'가 개최되었다.

찾아가는 서비스의 또 다른 방식은 금융회사 직원들의 신청을 받아 무료 교육 프로그램을 진행하는 것이었다. 주제는 자기자본제도, 법규위반

행위에 대한 검사·제재 제도, 금융영업행위 규제 및 제재 등 금융회사가 요구하는 내용으로 구성하였다. 금융회사의 높은 호응 속에 시행 5개월 만에 금융회사 관리자 370명, 실무자 400명이 교육에 참여하였다. 이 밖에도 금융회사나 금융협회가 주최하는 다양한 금융 포럼, 세미나, 워크숍 등에 금감원 임직원이 직접 참여해서 감독제도와 금융시장의 이슈를 공유하고 의견을 교환하였다.

찾아가는 서비스를 통해 고객층을 확대하는 것과 함께 지속적인 소통으로 고객과의 관계를 두텁게 하기 위한 노력이 병행되었다.

금융회사와의 쌍방향 의사소통을 위해 2008년 4월 도입한 '파트너십 미팅' 제도를 증권, 보험 등 금융업종으로 확대 시행하였다.

또 오프라인 채널의 실효성을 높이고자 간담회의 효율적 운영을 위한 기준을 제정하였다. 운영이나 사후관리에 대한 세부규정을 마련하여 권위주의에서 벗어나도록 하고, 형식적 의견수렴이나 일방적 지시사항 전달이 아닌 발언 기회를 균등하게 부여할 수 있도록 한 것이다. 특히 금융회사에 구체적인 피드백을 거쳐 의견을 수렴하면서 금융회사의 반응도 크게 달라졌다.

"자유로운 분위기에서 원활하게 의견을 나눴습니다. 금감원과 이런 분위기에서 의견을 교환하는 기회가 생겼다는 게 큰 발전이라고 생각합니다."

"서민금융회사에 대한 의견수렴은 처음입니다. 금감원이 말만이 아니라 실질적으로 서민금융에 대해 큰 관심을 두고 정책적 지원을 아끼지 않을 것이라는 신뢰를 하게 되었습니다."

"금감원이 많이 달라진 것 같습니다. 종전과는 달리 업계 의견수렴에 적극적입니다. 바람직한 현상으로 기대합니다."

변화라는 옷 입기

좀 더 객관적으로 활성화 정도를 파악하기 위해 2009년 2월부터 모니터링을 실시하고, 실적에 따라 변화 마일리지를 부여하였다. 모니터링 과정에서 홍보 부족이 지적되어 부서업무 설명회를 개최하기도 하였고, Key 금융회사를 지정해서 다른 금융회사에도 적극적으로 홍보 활동을 폈다.

이렇게 다양한 형태로 대면하는 오프라인 채널 활성화 못지않게 중요한 것이 온라인 채널의 활용도를 높이는 일이었다. 온라인은 고객들이 좀 더 쉽고 편하게 접근할 수 있는 채널이기 때문이다. 2008년 11월, 대내외 고객의 활용도를 높일 수 있는 전산시스템을 구축하고 대내외 고객의 접근 편의성을 높이려고 홈페이지를 개편하였다. '부서업무 안내'란을 정비해, 금융회사 직원들은 물론 금융소비자들이 부서별 업무를 쉽게 파악하고 필요한 안내를 받을 수 있도록 업무 내용을 상세하게 기술하였다. 업무별로 실질적인 답변을 해줄 수 있는 직원의 연락처도 명기하였다.

또한, 각종 의견 및 건의사항 수렴을 위해 부서별로 이메일 주소를 만들어서 홈페이지 부서안내에 명시하였다. 홈페이지 메뉴도 정비하였다. 고객들의 다양한 의견개진이 가능하도록 참여마당의 하위 메뉴를 대폭 보강하였다.

이렇게 온라인 채널을 통해 커뮤니케이션 인프라를 구축하고 오프라인 채널과 연계함으로써, 고객과의 커뮤니케이션이 상당히 활성화되었다. 정보보안 등에 강박이 심했던 금감원 직원들의 활용도도 높아졌다. 고객과의 소통 활성화를 위한 채널 다각화가 소통의 기회와 방법을 확장시킨 것이다.

동반자의 부담을 줄여라

익숙한 해변에서 눈을 뗄 용기가 없다면
새로운 대륙을 발견하지 못한다.

– 앙드레 지드

관행으로부터의 결별

2007년 12월 도입된 '금융회사 접촉창구 일원화(CPC, Central Point of Contact) 제도'는 금융회사의 자료 제출 부담을 경감시키고, 시스템적으로 관행을 벗어나려는 조치였다. 권역별·업무별로 CPC를 지정하여 자료 요청과 수령을 전담토록 한 것이다. 제도 도입으로 자료 요청 건수가 감소했지만, 기대에는 못 미쳤다. 제도 도입의 취지는 좋았지만, 제도를 지원하는 시스템 미비로 오히려 절차가 복잡해지는 결과를 낳은 것이다. 관행과의 결별은 의지만으로는 어려운 일이었다.

익숙한 것에서 벗어나기란 생각처럼 쉬운 일은 아니지만 문제점을 인식하고 대안을 마련한 만큼 과거로 회귀할 수는 없었다. 금융회사나 금감

변화라는 옷 입기

원이나 접촉창구 일원화제도 도입 취지에는 적극적으로 찬성하고 필요성에도 공감하는 만큼, 운용상의 문제점을 극복할 해법을 찾는 일이 급선무였다.

먼저 금융회사와 금감원 간 자료 요청·제출의 모든 과정을 전산화하고 공식화할 수 있는 전산시스템을 개발하였다. 2008년 7월 개발된 금융회사와 금감원 간의 '문서교환시스템(FINES)'을 이용하도록 한 것이다. 자료 요청·제출 절차도 대폭 축소하였다. 기능이 유사한 금융회사별 CPC를 금융권역별 CPC로 통합하고, 자료 제출 방법 간소화를 위해 현행 8단계에서 5단계로 줄였다.

자료 요청 원칙을 수립하여 요청 목적은 최대한 구체적으로 기재하도록 하였고, 자료 제출 기한도 최소 3영업일 이상으로 설정하였다. 특히 CPC가 본연의 역할을 할 수 있도록 업무 범위를 명확히 하고 권한을 분명히 밝혔다. CPC의 역할도 단순한 자료 전달 창구가 아니라 자료의 중복 여부를 점검하고 자료 요청·제출의 전 과정을 파악할 수 있도록 하였다.

제도 도입에 따른 건의사항이나 애로점을 주고받는 자리도 마련하였다. 금감원과 금융회사 CPC들이 협의체를 구성하여 6개월마다 만나, 논의 결과를 각 본부에 전달하고 피드백 시 참고자료로 활용하였다. 또 제도에 대한 대내외 홍보를 강화하기 위하여 2008년 7월 21일 '문서교환시스템(FINES)' 설명회를 개최하였고, 직원들이 바뀐 시스템을 적극적으로 활용할 수 있도록 본부장과 부서장을 독려하였다.

관행으로 쉽게 개선되지 않은 문제를 시스템적으로 해결하면서 자료 요청 건수가 감소하는 등 개선 효과가 나타나기 시작하였다.

2008년까지만 해도 금감원을 찾는 고객들은 금융위와 분산된 인허가 업무를 어디에서 처리해야 할지, 해당 부서가 어디인지 파악하기 어려웠다. 고객들의 불편은 불만으로 이어졌고, 금감원 이미지에도 부정적으로 작용하였다. 이를 개선하기 위해 금감원과 금융위 홈페이지로 분산된 온라인 인허가 업무를 한곳에서 간편하게 처리할 수 있도록 'e-금융민원센터(www.fcsc.kr)'를 개설하였다.

'e-금융민원센터'를 통해 인허가·등록·신고 접수부터 결과 통보까지 모든 진행 과정을 처리단계별로 확인할 수 있도록 인터넷, 전자 메일, 단문 메시지 등을 통해 신청인에게 통보하는 시스템도 구축하였다.

'e-금융민원센터' 홈페이지에서 민원신청 시 필요한 각종 정보를 알려주는 '인허가 핸드북'도 공개하여 편의성을 도모하였다.

금감원은 온라인 인허가 업무를 한곳에서 한 번에 처리할 수 있도록
'e-금융민원센터'를 개설하여 운영하고 있다.

이와 함께 까다로운 인허가 절차를 도와주는 '인허가 도우미(RM, Relationship Manager)' 제도를 도입하였다. '인허가 도우미' 제도는 민원 사무 처리에 관한 법률상의 민원 후견인 역할을 맡아, 민원 처리 종결 시까지 처리 절차와 방법 등에 대한 자문과 도움을 제공하는 시스템이다.

또한, 신청인이 궁금해하는 사항에 대해 신청 이전 단계부터 상담 서비스를 제공하는 '쌍방향 컨설팅 서비스'를 제공하기로 하였다. 전문적인 영역인 세부 심사기준에 대한 질의 등에 대해 소관부서와 협의하여 회신하는 특화된 컨설팅 서비스를 제공하게 된 것이다.

이로써 온·오프라인을 연계한 쌍방향·원스톱 민원 처리 서비스가 마련되었다. 금감원과 금융위를 구분할 필요 없이 인허가, 등록·신고, 유권해석 등 모든 민원 업무를 한곳에서 처리하여 고객의 편의성과 접근성을 획기적으로 개선하였다.

금감원 차원에서 '고객 중심의 사고'라는 비전 수립이 마무리되던 시기에, 금감원의 설립 목적이기도 한 금융소비자 보호를 위한 가시적 조치가 다양하게 마련되었다.

오천만 고객에게 한 걸음 더

좋은(good) 것은
위대한(great) 것의 적이다.

- 미켈란젤로

한 발 더 가까이

금융민원센터 개소와 함께 금감원을 방문하는 고객의 편의성
을 높이기 위한 환경 정비를 단행하였다.

2008년 6월 금감원을 방문한 고객 106명을 대상으로 벌인 설문 조사
결과, 친절이나 매너 등 인적 부분에서는 대체로 만족하고 있었으나 방문
부서 위치 찾기 등 환경적 요소에 대해서는 만족하지 못하는 것으로 나
타났기 때문이다.

금감원을 처음 찾는 사람들은 엘리베이터 이용에서부터 불편을 겪는
것으로 조사되었다. 방문 부서를 찾는 일도 쉽지 않았다. 방문 고객의 대
기 장소나 휴식 공간도 태부족이었다. 이렇듯 열악한 환경은 금감원 직원

변화라는 옷 입기

금융소비자 보호를 우선하는 금감원은 누구나 친근하게 이용할 수 있는 기관을 꿈꾼다.
사진은 금융민원센터의 모습.

들의 업무 진행에도 여러 불편함을 가져왔다. 고객과의 별도 회의 장소가 마련되지 않아 부서 내의 테이블을 사용하면서 업무 보안 문제가 발생하기도 하였고, 마땅한 회의 장소가 없어서 고객과 이곳저곳을 전전하기도 하였다.

2008년 8월 25일 변추단에서 9층에 '고객 라운지'를 마련하였다. 고객 전용 회의실과 고객 쉼터로 구성된 라운지에는 고객의 편의를 위해 전화·복사기·팩스·음료 등을 비치하였고, 운영·안내 업무를 전담할 도우미가 상주하였다. 처음으로 금감원 내에 고객이 편히 쉴 수 있는 고객 쉼터가 마련된 셈이다. 이곳은 현재 원내 카페인 '원빈'으로 업그레이드 되어 고객과 금감원 임직원 모두의 사랑을 받는 대표적인 명소로 변모하였다.

고객 라운지 개설과 함께 고객응대 프로세스도 보강되었다. 처음 방문한 고객도 편리하게 금감원을 이용할 수 있도록 내부 구조 등을 설명한 방문 고객 안내지를 제작·배포하였다. 또한 고객이 방문 부서 사무실로 직접 찾아가기보다, 금감원 직원이 고객 라운지로 찾아가서 면담하는 방식을 권고하였다. 이와 함께 고객응대 때 준수하여야 할 사항을 명시한 '방문 고객 응대 요령'을 마련하고, 친절교육에 포함하였다. 바람직한 행동과 바람직하지 않은 행동을 구체적으로 명기하고 상세한 지침을 첨부하여 고객이 불편함을 느끼지 않도록 하는 데 주안점을 두었다.

엘리베이터 운행 정보도 표지판을 좀더 크게 확대하여 처음 방문한 고객 누구나 쉽게 알아볼 수 있는 곳에 배치하였다. 엘리베이터 안과 운행 층의 탑승 위치에는 층수를 명확히 알 수 있도록 표시도 하였다.

보이지 않기에 더욱

고객이 금감원을 만나는 또 하나의 통로가 전화다. 고객들은 대표전화(02-3145-5114)나 통합콜센터(☎1332), 또는 해당 부서 전화로 금감원 직원들과 통화 연결이 된다. 그러나 전화는 편리성만큼 위험성도 크다. 특히 고객으로서는 전화 상담은 상담원이 눈앞에 있지 않기 때문에 사소한 일에도 쉽게 오해를 살 수 있다. 예컨대 대면 상담이었으면 별 문제가 될 리 없는 잠깐의 대기시간도 길게 느껴질 수 있는 것이다.

이러한 문제를 한꺼번에 해결하기 위해 2002년 6월부터 1332 통합콜센터를 운영하여 비용 부담 없는 전문상담 서비스를 시행하고 있다. 2010년 7월부터는 지원 콜센터로 걸려온 전화도 본원으로 통합하여, 전국 어디서나 시내전화 요금으로 은행, 증권, 보험 등 분야별 전문상담원의 서비스를 받을 수 있게 하였다. 같은 해 11월부터는 통합콜센터에 인터넷 기반의 상담 시스템 도입을 완료하고, 상담수용 능력을 확충하였다. 이와 함께 금융상담 사례 DB 구축 및 조회시스템을 통해 전문상담원이 좀 더 신속하고 정확한 서비스를 제공하도록 하였다.

국회나 언론에서 지속적으로 공정성 문제를 제기하던 전문상담원 제도도 정비하였다. 그동안 금융회사 파견 직원을 상담업무에 활용하였으나, 2010년 6월부터 단계적으로 복귀시켜 2011년 2월에 금융회사 파견 인력이 모두 복귀하였다. 신규 채용된 금감원 소속 전문상담원이 그 자리를 대신하게 되어 고객에게 신뢰성을 더할 수 있는 여건이 조성된 것이다.

시간의 흐름 속에서 성장하는 변화의 속성에 따라 전화 서비스도 더욱 진화하였다. 전화 고객의 상당수가 금감원을 직접 찾기 어렵거나 시간이 부족하다는 점에 착안, 2009년 12월부터 통합콜센터를 통해 '야간상담 및 24시간 상담예약제'를 실시하고 있다.

'24시간 상담예약제'는 통합콜센터 상담 업무 시간에 전화를 걸기 어려운 고객을 위한 것이다. 시간에 상관 없이 1332로 전화를 걸어 고객의 전화번호를 남기면 업무 시간 중 상담원이 직접 민원인에게 전화를 걸어 금융상담을 하고 있다.

고객의 입장에 서서 고객의 편의를 제공하기 위한 고민이 다원화된 생활환경에 맞게 세심한 서비스로 거듭나는 것이다.

본분을 잊지 않고

2008년 리먼 사태가 촉발한 글로벌 금융위기는 전 세계 경제에 악영향을 미쳤다. 우리나라도 주가가 급락하고 환율이 요동치면서 주요 시장지표가 악화되었다.

특히 금융위기에 따른 실물경기 침체는 신용경색 심화에 따라 금융소비자의 고통을 가중시켰다. 2009년 민원이 전년 대비 16.8%나 증가한 가운데, 채권추심, 불완전 판매로 인한 펀드 손실 보상 및 기납입 보험료 환급 관련 민원이 급증하였다.

갑작스럽게 민원이 증가하면서 1인당 적체 건수와 민원 이첩이 대폭 증가된 것이다. 자연히 고객의 불만도 커졌고, 국회 등에서는 금감원이 금융회사 건전성 감독에만 치중하여 사전에 민원 발생을 예방하거나 사후 피해구제에 미흡하다고 지적하였다. 별도의 금융소비자원을 설립하자는 주장도 있었다.

그러나 금감원은 어느 한순간에도 금융소비자 보호라는 법정 목적을 잊은 적이 없다. 비전을 수립할 때도 고객 중심의 사고를 맨 먼저 두었고 금융위기 가운데 금융소비자 보호를 위해 노력하는 과정에서 직원들의 고객 권익에 대한 인식 또한 한층 높아졌다. 제한된 인력으로 금융위기 극복에 매진하면서도 금융소비자 보호 노력을 강화해 갔다. 2010년을 금

변화라는 옷 입기

융소비자 보호의 원년으로 천명하고, 실질적 소비자 보호를 위한 사전·사후 시스템을 구축하여 고객과의 접점을 확대하였다.

우선, 사전 예방적 소비자 보호 역량을 강화하기 위한 조직 인프라를 확대하였다. 담당 조직을 독립본부로 격상하고, 민원조사팀과 금융서비스개선팀을 신설하여 21명의 인력을 확충하였다. 이와 함께, 대출이자 계산방식 개선, 보험광고 심의기준 강화 등 106여 건의 불합리한 금융 관행과 제도 개선에 나서 고객의 권익을 향상시켰다. 또한, 민원에 대한 모니터링을 강화하고 예방 지도에 나섰다. 금융회사의 민원발생 건수와 해결 노력 등을 평가하고 하위사에 대한 현장 점검을 실시하여 민원 발생을 줄이는 데 노력하였다. 이를 통해 2010년 민원 제기 건수는 7만 2,169건으로 글로벌 금융위기 직후인 2009년에 비해 6.1%가 감소하였다.

서민과 취약 계층에 대한 피해구제를 강화하기 위해 '생계형 민원 처리반'을 운영하고, 민원 처리 기간을 14일에서 7일로 단축함으로써 2009년 7월부터 2010년 12월까지 3,547건을 접수·처리할 수 있게 되었다. 민원인의 의견을 현장에서 청취하여 고충사항을 신속히 해결하는 민원현장 조사도 강화하였다.

신속하고 공정한 민원 처리와 분쟁조정을 위해 금융회사와의 민원서류 수·발신 전산화 등 대내외 업무 프로세스의 효율화 및 표준화를 추진한 성과도 나타났다. 2010년 민원이첩률은 10.8%로 2009년 대비 6.8%p가 감소하였고, 처리기간도 2010년은 16.8일로 민원이 급증하였던 2009년 대비 0.8일이 단축되었다. 2009년 11월 '민원자료공유시스템'을 구축하고 '국민신문고'와 연계시킨 것도 성과를 내는 데 일조하였다.

금융분쟁조정서비스를 강화하고 실효성을 높이기 위한 노력도 병행되었다. 소비자의 목소리를 충분히 반영하기 위하여 분쟁조정위원회의 소

'FSS 메아리'는 금융소비자들을 위한 각종 정보를 2,310만 명에게 제공하였다.

비자단체 참여인원을 두 배로 확대하여 금융업계와 동수로 구성하였다.

또 새로운 유형의 분쟁조정 사건 등에 대한 전문성과 공정성을 높이고
자 조정위원회 전문위원의 수를 30명에서 60명 이내로 확대 추진하였다.
분쟁조정절차가 진행될 때 금융회사의 무분별한 소 제기를 억제하기 위
해 민원인을 위한 소송지원 변호인단에 금감원의 변호사가 참여하여 민
원인의 소송을 지원하고 있다. 또한, 절차 진행 중 소송제기 현황을 정례
적으로 공표하고 소 제기 때 가중치를 0.8점에서 1.2점으로 확대하는 등
민원 발생 평가 제도를 개선하였다. 불완전판매 행위자에 대한 분쟁이력
관리시스템을 시행하고, 보험사 자체의 보험금심사위원회를 구성할 때
심사 부서 외 상품, 법무, 감사부서 실무자들로 구성하도록 지도하였다.

변화라는 옷 입기

그 결과, 금융회사의 소 제기 건수가 2010년에는 1,167건으로 전년 대비 29.5% 감소하였다. 특히 분쟁조정절차 진행 중 금융회사의 소 제기는 2010년 117건으로 전년 대비 74.8%가 감소하는 개가를 올렸다.

이 밖에도 금융소비자의 선택권 향상을 위한 정보제공 강화를 도모하기 위하여 금융소비자 포탈(http://consumer.fss.or.kr)을 구축하고, 《2010년도 금융소비자 보호 업무백서》를 발간하였으며, 현안에 대한 금융소비자의 의견수렴 등을 위해 'FSS 메아리시스템'을 구축하였다.

FSS 메아리는 전자 메일을 이용하여 각종 현안에 대한 설문 조사와 소비자 정보 등을 배포하여 소비자 보호 정책의 수립과 감독 및 검사 업무에 참고자료로 활용하는 시스템이다.

금융 거래 때 유의사항, 사금융피해 예방 방법, 전화사기 대처요령 등 금융소비자에게 알려야 할 중요한 정보가 FSS 메아리를 통해 '알기 쉬운 금융이야기', '금융생활 가이드', '뉴스레터' 등의 형태로 총 2,310만 명에게 제공되었다.

금융교육 활성화를 위한 기반을 마련하고 교육을 강화한 것도 고객에게 다가가기 위한 노력의 하나였다. 청소년, 군 장병, 다문화 가정 등 금융소비자에게는 금융 일반에 대한 이해력과 금융상품 선택 능력 향상을 위해 맞춤형 금융교육을 확대하였다.

2008년 8만 2,346명에게 455회 제공되던 교육이 2009년에는 전년 대비 교육인원 62.9%, 교육 횟수는 138.8%의 증가세를 보였고, 2010년에는 전년 대비 교육인원 41.9%, 교육 횟수 70.0%로 대폭 늘어났다. 참가자들의 만족도도 크게 늘어, 2010년에는 81.7점으로 2008년 대비 6.7점이 증가하였다. '초중고 단계별 금융교육 표준안'을 개발하고, 금융회사와 금융교육단체 등 26개 기관이 참여하여 '청소년 금융교육 네트워크'를 활성화시켜 청소년 금융이해력(FQ, Finance Quotient) 향상에도 크게 이바지한 것으로 평가받고 있다. 2009년 서울대학교 최현자 교수의 분석 결과, 고등학생의 금융이해력 점수가 55.3점으로 2006년 대비 7.1점이 증가한 것으로 나타났다.

일반 국민의 금융교육에 대한 관심과 참여를 높이고자 '금융 백일장' 및 '금융교육 우수 사례 공모전' 등 다양한 참여형 교육 행사를 개최하였고, 금융교육 시범학교, 교사 대상 금융연수 등 다양한 금융교육 프로그램도 개발·운영 중이다.

금감원의 가장 큰 고객인 금융소비자를 보호하기 위한 이러한 일련의 노력은 고객 만족도 제고 등의 성과로 이어졌다.

거리 좁히기

금융과 콘서트의 만남. 상상하기 어려운 어색한 조합이 2010년 7월 7일, 금감원에서 일어났다. 금감원의 대표적 프로그램인 '금융교육'이 딱딱한 외피를 벗고 콘서트라는 음악의 옷을 입은 것이다.

'클래식과 함께하는 청소년 금융교실'이라는 이름으로 처음 개최된 '금융콘서트'에는 서울 꿈나무마을 보육원생과 은평천사원, 상도지역아동복지센터, 성노원아기집 등에서 220여 명의 청소년을 초대하였다. 행사 당일 오후에는 금감원 주변은 초대 손님들의 재잘거리는 얘기소리와 환한 웃음이 넘쳐나면서 좀처럼 보기 힘든 진풍경이 펼쳐졌다. 먼저 소비자서비스국에서 청소년들을 대상으로 초·중·고별 맞춤형 금융교육을 실시

변화라는 옷 입기

하였다. 금융교육 강사들의 열정적이고 재미있는 강의에 청소년들은 어렵다고만 생각했던 금융을 쉽고 재밌게 접할 수 있는 시간을 가졌다. 금융교육을 마치고 대강당에서 금융콘서트가 진행되었다. 평소 조회나 공청회, 직원 결혼식장으로 쓰이던 대강당에 새로운 문화의 숨결과 창조적 발상을 통한 또 다른 가능성이 빛을 내기 시작하였다.

금융교육과 콘서트의 조합은 서로의 유사성을 발견하고 이를 접목하면서 시작되었다. 금융도 클래식도 어렵지만 어려서부터 자연스럽게 접할 수 있는 기회를 만들어주자는 의도가 있었다. 풍선처럼 부풀어 오른 아이디어를 다시 가다듬고, 가치 있고 지속 가능한 변화과제로 발전시키는 사고 과정을 통해 마침내 이러한 이벤트를 도출할 수 있었다.

변추단은 대외협력팀의 협조를 통해 자매결연 보육원 아이들을 초청하고, 한국자원봉사협의회에 행사취지를 설득함으로써 초청 대상을 확대해 나갔다. 소비자서비스국의 협조를 받아 금융교육 강사와 교육 프로그램도 다양하게 꾸몄다.

이제 중요한 것은 공연이었다. 소외된 청소년에게 클래식을 쉽게 설명하고 연주할 수 있는 능력을 갖춘 사람 중에 뜻을 함께할 수 있는 사람이 누구일까? 변추단 직원들 모두 '금난새'를 떠올렸지만, 유명한 지휘자가 촉박한 일정 가운데 시간을 내어줄지, 재능기부에 선뜻 동참할지 미지수였다. 일단 부딪쳐 보기로 하고, 금난새 씨가 운영하는 유라시안필하모닉 오케스트라 사무실을 방문하여 행사취지를 설명하였다. 다행히 금난새 씨는 행사에 기꺼이 동참하겠다며 수락하였다.

청소년들과 원장 이하 금감원 직원들이 함께 한 금융콘서트의 반응은 뜨거웠다. 금감원 블로그와 대학생 기자단, 그리고 참석했던 청소년들의 긍정적인 평가가 있었고, 주변의 격려도 이어졌다. 변추단 직원들은 성공

금감원은 금융소외계층에게 좀 더 친근하게 다가가고자 '클래식과 함께하는 청소년 금융교실' 등의
교육 프로그램도 도입하였다. 사진은 지휘자 금난새와 함께한 금융콘서트의 한 장면.

적으로 콘서트 행사를 마무리지었다는 만족감을 넘어 변화의 감동을 경험하였다.

"금융콘서트를 준비하면서 가장 절실하게 깨달은 것은 '함께'라는 두 글자였습니다. 처음 아이디어를 제안했을 때부터, 콘서트 중간마다 청소년들이 웃으며 경청하는 모습을 보았을 때, 청소년들을 배웅하면서 가슴이 뜨거워짐을 느꼈을 때, 좋은 평가와 격려 속에 뜻깊은 마무리까지……, 변화를 위한 전 과정에서 참여하는 사람들이 각기 주인의식과 열정을 갖고 동참할 때 변화는 현실로 성공적인 미소를 지을 수 있다는 것을 깨달았습니다."

금융콘서트를 담당했던 변추단 김태석 조사역의 회고처럼, 금감원 설립목적에 명시된 금융소비자 보호는 고객들과 함께하는 과정에서 구현된다는 것을 확인하는 또 하나의 과정이었다.

금감원이 전문성을 나눔으로써

금융콘서트는 큰 호응을 불러일으켰다.
사진은 행사에 참여한 객석의 모습과 이날 공동으로
사회를 진행한 신동진 아나운서와 정재연 조사역.

금감원의 소비자와 친해지기 프로젝트는 다방면으로 진행된다.
사진은 무가지 칼럼 '알기 쉬운 금융상식 FQ를 높여요'의 기사들.

고객과의 거리를 좁혀 나간 변화 노력은 금융콘서트만이 아니었다. 대중
교통 이용객 등이 즐겨보는 국내 최대의 무가지 〈포커스〉를 통해, 22회의
금융상식을 전하는 '스토리텔링' 칼럼을 연재하였다.

2010년 7월 28일부터 11월 3일까지 '알기 쉬운 금융상식 FQ(Financial
Quotient)를 높여요!'라는 제목으로 실린 이 칼럼에는 출근길 직장인들도
쉽게 공감할 수 있도록 생활 속에서 경험하기 쉬운 금융피해 사례와 대
처 방안이 재미있고 상세하게 담겨 있다.

칼럼이 실리면서 다양한 외부 고객들이 금감원의 역할을 되새기는 계
기가 되었다는 반응을 보내왔다. '금감원은 무서운 공공기관인 줄 알았는

변화라는 옷 입기

데, 고맙고 소중한 곳'이라는 고객의 편지처럼, 금감원의 역할뿐만 아니라 금감원에 대한 고객들의 인식을 개선하는 효과까지 가져왔다. 고객과의 거리를 좁히고 고객의 곁에 금감원이 있음을 알리는 좋은 기회였다.

고객으로 가는 또 하나의 길

다른 사람이 가져오는 변화나 더 좋은 시기를
기다리기만 한다면 결국 변화는 오지 않을 것이다.
– 버락 오바마

아는 만큼 나아간다

'고객 중심의 사고' '고도의 전문성' '신뢰받는 금융감독', 이 3대
비전은 금감원이 지향해야 할 좌표이자 일상의 업무에서 구현해야 할 중
심축이다. 특히 금감원의 법정 목적을 달성하기 위해 수행하는 업무 처리
과정은 고도의 전문성을 바탕으로 진행되어야 한다. 이를 통해 진정한 시
장의 신뢰와 고객의 믿음을 얻을 수 있기 때문이다.

변추단은 급변하는 금융 환경에 선제적으로 대응하고 고객의 요구에
능동적으로 대처하고자 금감원의 핵심 업무인 검사 역량을 강화할 방안
을 강구하였다.

2008년 9월 마련된 '검사 아카데미 설립추진방안'이 대표적인 예다. 그

변화라는 옷 입기

동안 매년 1회, 검사직원 종합 연수를 통해 초임 검사역 연수와 검사직무 전문화 연수를 수시로 운영하였지만 일회성 프로그램에 그쳤다. 검사 아카데미 설립 추진 방안은 이러한 한계를 극복하고, 장기적 관점에서 전문 검사 인력을 배양하기 위해 체계적으로 준비한 프로그램이었다.

2008년 10월 인력개발실 내 '검사 아카데미 준비반'을 발족하고, 우선 초급 검사역 과정을 검사 아카데미에 개설하는 것을 목표로 삼았다. 국내외 여러 아카데미 운영 사례를 검토·분석하고 직원들의 의견을 청취하기 위한 타운미팅을 수시로 개최하여 최종 방안을 확정하였다.

마침내 2009년 1월 5일, 43명의 임원진과 검사 아카데미 교수진, 1기 연수생 31명이 참석한 가운데 검사 아카데미가 문을 열었다.

과정은 초임 검사역을 대상으로 실무 적응 능력 배양을 위한 기초 과정(Basic Course), 기존 검사 인력에 대한 보수교육과 전문성을 함양하는 전문화 과정(Advanced Course), 중견 검사 인력을 대상으로 하는 검사반장(EIC) 양성 과정 등 세 가지로 구성하였고, 8월부터는 검사 전반에 대한 관리 능력 등을 배양하기 위하여 검사팀장 과정이 추가되었다. 교육 내용도 쌍방향 연수 방식, 연수생 담임제, 입체적 연수 교재 등으로 다채롭게 구성하였다.

실습, 토론, 발표, 모의검사, 모의제재심의위원회 등 다양한 형태의 쌍방향 연수 방식은 참여도를 높이고 피감기관의 입장에서 볼 수 있는 기회가 되었다. 그 자리에서 피드백 확인을 통해 검사의 실효성을 높이는 계기가 되기도 하였다.

특히 모의 제재심의위원회는 검사 기법뿐만 아니라 검사윤리, 예절, 정보수집 및 분석 능력 등 검사 전반을 종합적으로 실습할 수 있는 통합적 연수 과정이었다.

전문성의 확보는 금감원의 필수 덕목이다.
사진은 전문성 강화를 목표로 세워진 '검사 아카데미'의 개소식 장면.

검사 아카데미는 개소 이후 2010년까지 모두 16회 동안 261명의 검사 전문 인력을 배출하였다. 바쁜 업무 가운데 상당한 시간을 투자해야 하는 집중과정이지만, 직원들의 호응이 높아 연수를 마친 93.3%의 사람들이 '매우 도움되었다'는 긍정적인 평가를 했다. 미리 배우고 익히고 나니 보이는 것이다.

검사 아카데미 수료자들의 활약도 두드러졌다. 감독서비스총괄국의 '2010년 검사업무 우수 사례' 선정 결과, 3기 수료자인 하도훈 선임이 '회사 고유자금 횡령'으로 최우수상을 받는 등 부문별로 두각을 나타내면서 우수한 성과를 기록하였다.

"검사역은 다섯 가지 끈을 항상 지니고 있어야 한다. 먼저, 전문적 식견으로 '매끈'하게 검사해야 한다. 처리하고 중요한 것을 놓치지 않도록 아주 사소한 사항에는 눈을 '질끈' 감을 수 있는 판단력이 있어야 한다. 금융질서 교란요인에 대해서는 '불끈'해야 한다. 검사에 있어 '화끈'한 추진

변화라는 옷 입기

검사 아카데미의 모의제재심의위원회에 참석한 직원들이
진지하게 회의를 진행하고 있다

력과 인내와 끈기가 있어야 한다. 친절하고 유머감각으로 소통하는 '따끈'한 감각이 있어야 한다."

2010년 12월 3일 검사 아카데미 수료식에서 인력개발실장이 전한 이 말에는 금감원 검사역의 애로와 의미가 함축되어 있다. 전문성은 물론 다재다능한 능력에 소양과 품성까지 겸비해야 하는 자리가 금감원의 검사역이다.

검사 아카데미는 전문성과 판단력, 정의로움과 추진력에 소통 감각을 겸비한 검사 인력 양성의 산실로 자리하면서 고객을 위한 진정성의 길을 만들어가고 있다.

발상의 전환, 미스터리 쇼핑

팬이 없는 선풍기, 손가락을 걸어 쉽게 뺄 수 있게 구멍을 낸 콘센트, 외벽을 주름으로 만들어 밟으면 부피를 줄일 수 있는 암스트롱 휴지통 등은 발상의 전환으로 마케팅 혁명을 이룬 대표적인 사례이다.

미스터리 쇼핑은 금감원 업무 가운데 발상의 전환을 이룬 대표적인 사례이다. 급변하는 금융 환경에 대비하기 위해서는 검사 아카데미처럼 미리 전문성을 쌓고자 노력하는 일뿐만 아니라, 고객의 부담을 덜 수 있는 방안도 사전에 마련할 필요가 있었다.

금감원은 가계 금융자산에서 펀드가 차지하는 비중이 크게 늘면서 펀드 판매를 둘러싼 고객들의 불만도 쌓여가고 있다는 점에 주목하였다. 2001년 말 158조원이던 고객 수탁액이 2007년 말에는 두 배 가까이 늘었지만, 선진국과 비교하면 우리나라는 펀드 판매 경로가 협소하고 시장을 과점한 회사들의 횡포 또한 여전한 상황이었다.

적합성이 확인되지 않은 펀드들이 쏟아지면서 펀드 불완전판매에 따른 금융분쟁 신청도 2008년에는 전년도에 비해 네 배 이상이나 급증하였다.

이러한 문제점을 개선하기 위하여 2008년 12월, '펀드 불완전판매 예방 종합대책'을 발표하고, 2009년 2월 자본시장통합법 시행과 함께 실태 파악을 위한 '미스터리 쇼핑' 제도를 도입하였다. 미스터리 쇼핑은 금융당국의 검사직원이나 금융당국으로부터 의뢰를 받은 외부 조사원이 손님으로 가장해 금융사 영업점을 방문하여 펀드 등 금융상품 판매 과정을 점검하는 단속 방법이다.

금감원은 금융위와 협의를 통해 2008년 12월 31일, '금융회사 검사 및 제재에 관한 규정'을 개정하고 미스터리 쇼핑 실시허가 및 대상과 규칙을 정의하였다. 주가연계증권(ELS)을 포함하여 장외파생상품, 변액보험 등으로 대상 상품을 대폭 확대하고 '금융감독원장이 필요하다고 인정하는 경우'라는 조항을 삽입하여 향후 불완전판매 조사 대상 상품을 추가할 수 있도록 하였다.

보도자료를 통해 각 판매회사가 미리 준비할 수 있도록 사전 예고를 하였고, 일주일 뒤인 2009년 3월 23일부터 4월 10일까지 은행 120개 점포,

변화라는 옷 입기

증권회사 80개 점포를 대상으로 첫 번째 미스터리 쇼핑이 실시되었다.

첫 미스터리 쇼핑의 결과 펀드 권유 때 환매 방법, 펀드 명칭·종류, 투자 위험 설명 등에 대한 고객의 만족도가 매우 낮아, 판매회사들이 자체적인 직원교육과 점검을 하도록 요구하였다. 또한, 투자자들이 펀드 가입 때 유의해야 할 사항에 대해서도 발표하였다.

약 4개월 후 2009년 9월부터 한 달 동안, 두 번째 미스터리 쇼핑이 실시되었다. 상반기보다 평균점수는 다소 하락하였지만, 개선 효과를 분명하게 확인할 수 있었다. 전체적인 상반기 평가에서 미흡하다는 평가를 받았던 5개사 중 3개사는 '우수하다'는 평가를, 나머지 2개사는 '보통' 수준으로 평가받은 것이다. 상·하반기 모두 우수한 평가를 받은 회사에 대해서는 일정기간 미스터리 쇼핑 대상에서 제외해 주는 유인책도 제시하면서 2010년에는 미스터리 쇼핑 대상과 방식을 확대해 나갔다. 펀드 판매 잔고 1조 원 미만의 중소형 판매사 5곳을 추가하여 35개 판매회사 600개 점포를 대상으로 금감원과 외부 조사기관 양쪽에서 각기 미스터리 쇼핑을 시행한 것이다.

미스터리 쇼핑의 효과는 획기적이었다. 2010년 상반기 전체 평균은 82.1점으로 2009년 하반기보다 14.7점이 향상되었다. 2010년 상반기 들어 전체적으로 우수 평가를 받은 판매회사가 65.7%로 급증하였고, 미흡하다는 평가를 받은 회사는 2.9%에 불과하였다. 2009년에 비해 판매회사의 자체적 노력이 크게 개선되었음을 알 수 있었다.

2010년 7월에는 미스터리 쇼핑 결과를 바탕으로 표준투자권유준칙의 '투자자의 위험성향 및 금융투자상품의 위험도 분류기준' 등 원칙을 개선하였다. 우수 모범 사례를 발굴하고 소개함으로써 판매회사들이 벤치마킹을 할 수 있는 기회가 되기도 하였다.

2011년에는 '자본시장 및 금융투자업 감독방향' 제시를 통해 미스터리 쇼핑 대상을 보험회사와 중소형 판매회사로 확대하고 평가항목, 배점 등을 합리적으로 조정하겠다는 뜻을 밝혔다.

미스터리 쇼핑은 일각에서 함정 단속이나 감시 강화라 하여 불편해하기도 했지만, 지금까지의 적발이나 제재 위주의 관행에서 벗어나 예방적 조치를 구축하기 위한 새로운 접근법이다. 이를 통해 실질적으로 고객의 자산을 보호할 뿐만 아니라, 고객에게 충분한 정보를 제공할 필요성을 확인하는 인식 개선의 효과를 낳고 있다. 결과적으로 금융회사도 고객에 대한 새로운 접근과 사전 예방적 검사 대비를 통해 금융 선진화에 이바지할 수 있게 될 것이다.

현장의 목소리를 듣다

리먼 사태로 촉발된 글로벌 금융위기의 파고는 온 나라를 흔들었지만, 특히 중소기업에는 더 높고 거셌다. 2008년 하반기 들어 원자재 가격의 급등과 수출 부진 등으로 어려움에 직면한 가운데, 9월 이후에는 영업이익이 발생하는 중소기업까지 일시적 유동성 부족으로 흑자도산이 우려되는 상황이었다.

정부는 2008년 10월 1일 '중소기업 유동성 지원방안'을 마련하고, 13일에는 구체적인 정책 수단으로 중소기업 신속 지원 제도인 'Fast-Track 프로그램'을 시행하였다. 2009년 2월에는 보증지원 확대, 은행대출 만기연장 조치 등을 통해 은행 등 금융회사의 원활한 자금 공급을 촉진하였다.

변화라는 옷 입기

금감원은 이러한 중소기업 지원정책에 맞추어 금융애로를 현장에서 직접 파악하고 해소를 지원하기 위한 노력을 기울였다. 2008년 9월 11일 본원 및 4개 지원(대구·부산·대전·광주)에 '중소기업 금융애로 상담센터'를 개설·운영하였고, 2009년 2월 23일에는 6개 주요 산업단지(반월시화, 남동, 창원, 성서, 명지·녹산, 하남)에 '중소기업 현장금융지원반'을 설치하였다. 원장도 하남, 성서, 명지·녹산 산업단지 등 현장을 직접 방문하여 중소기업의 목소리를 듣고 애로사항 해소를 위해 노력하였다.

이에 따라 금융위기 이후 크게 악화한 중소기업의 자금 사정은 2009년 들어 회복세를 나타내는 등 전반적으로 중소기업의 경영 여건이 개선될 수 있었다.

> • 경기도에 자리한 A기업은 기술력을 보유하고 있음에도 불구하고, 글로벌 금융위기 이후 주문량 급감은 매출부진으로 이어졌다. 2007년 주거래처의 최종 부도에 따라 15억원의 부실채권 발생 등으로 자금난에 봉착하여 주채권은행에 워크아웃을 신청하였다.
> • B은행은 신용위험평가(C등급)를 통해 워크아웃 대상으로 선정하고 나서 연체이자 36개월 분할상환 및 금리감면(원화대출 연 4.5%, 외화대출 연 5.5% 적용) 등 채권 재조정을 통해 경영정상화를 지원하였다. A기업이 과거의 영광을 되찾게 된 출발이었다.

어떤 일이든 적기가 중요하다. 중소기업 지원이 가장 목마른 시점에 단비처럼 주어졌고, 구조조정이 필요한 시점에 적절한 옥석 가리기가 이루어졌기 때문에 중소기업이 도약할 수 있는 새로운 발판이 마련된 것이다.

　기업의 사회적 책임과 가치경영의 중요성이 대두하고 있고, 이를 통해 목전의 이익보다 더 큰 사회적 가치를 창출할 수 있다는 다양한 연구결과들이 기업의 사회 공헌 활동을 더욱 촉진하고 있다. 이런 상황에서 사회적 책임을 구현하기 위한 금감원의 노력은 어찌 보면 당연한 일인지도 모른다.

　금감원은 설립 이후부터 임직원이 자발적으로 조성한 사회공헌기금을 재원으로 영등포 지역 소년·소녀가장들에게 매월 생계비를 지원하고 있으며, 1사 1촌 농촌사랑운동, 사회복지시설 위문방문 등 다양한 사회 공헌 활동을 해왔다. 하지만 2008년 글로벌 금융위기 등으로 소외이웃의 어려움은 더욱 커져만 갔고, 금감원은 글로벌 금융위기 극복에 매진하는 가운데에도 공적기관으로서 고통을 분담하기 위해 더욱 적극적으로 사회 공헌

금감원의 임직원들은 서민과 취약 계층 지원을 위해 급여 반납으로
기부금을 조성하는 등 사회적 책임을 다하기 위해 노력하고 있다.

활동을 추진해야 한다는 새로운 변화과제에 직면하게 되었다.

이를 위해 2009년 12월 29일, 금융권 최초로 자발적인 급여 반납을 통해 조성한 8억원을 사회복지공동모금회에 기부하기로 하였다. 특히 저신용계층에 대한 소액 금융지원 부문에 4억원을, 다문화 가족의 창업·취업 지원 부문과 일반 복지사업 부문에 각각 2억원씩을 지정 기탁하여 도움이 절실한 사회 소외계층에 실질적인 도움을 주고자 하였다.

아울러 소외된 이웃을 위한 금전적 지원뿐만 아니라 직접 찾아가서 마음을 나누는 다양한 봉사 활동도 전개하였다. 청량리 밥퍼 급식 자원봉사, 사회복지시설 아동들과의 나들이 행사, 사랑의 연탄기부 행사, 헌혈 행사 등을 통해 진실한 마음을 나누고자 노력하였다.

금감원은 2010년 제6회 한국사회공헌대상에서 '국민복지부문상'을 수상하였다.

급여 반납 등을 통해 고통을 분담해야 하는 부담도 있었지만, 다양한 봉사 활동은 마음을 나눔으로써 더 큰 가치를 받는 다른 차원의 보상이었다.

사회적 인정도 뒤따랐다. 2010년 5월, 노인과 장애인 등 소외계층 지원에 대한 공로를 인정받아 한국언론인포럼 주최 '2010 한국사회공헌대상'에서 '국민복지부문상'을 수상하였다.

수상 소식뿐만 아니라 사회적 책임을 다하는 과정에서 만난 온기 가득한 손길, 눈길, 마음길은 금감원이 앞으로 어떠해야 하는지를 새삼 확인시켜 주었다. 변화가 생존의 다른 이름이듯이, 금감원의 사회적 책임을 다하기 위한 가치 창출 활동 역시 지속 가능한 금감원을 위한 길이라는 것을.

선순환구조를 만들다

금감원 출범 이후 지속하여 온 금융권 접촉 방식을 과감히 바꾸어 매회 새로운 시도와 접근으로 금융시장과 고객에게 먼저 다가가는 노력을 지속한다면, 시장에서도 변화 노력을 공감하고 금융시장 발전을 위해 함께하는 선순환구조를 이뤄낼 수 있다.

위기 이후를 위하여

현명한 사람은 앞으로 닥칠 것을
현재 닥친 것처럼 경계한다.
- P. 시루스

모두를 위한 가지치기

연방 울려대는 전화벨 소리, 누구의 전화인지 안다는 듯 받기
를 저어하는 손길, 수화기를 들자마자 새어 나오는 절규…….

공포영화의 한 장면이 아니다. 리먼 사태 이후 우리 경제 전반의 급격
한 신용경색으로 기업의 자금 사정이 어려워지자 대출을 원하는 기업과
이를 꺼려하는 금융회사 사이에서 비일비재했던 풍경이다. 중소기업은
특히 더 어려웠다. 흑자를 내고 수출이 잘되는 기업이라도 일시적 유동성
부족으로 흑자도산이 우려되는 상황이었다. 또한 금융회사에서는 유동성
애로기업의 옥석을 가리기보다 자사의 이익에 집착하는 '비 올 때 우산
뺏기' 행태까지 보이면서 신규대출은 물론 만기연장 등의 금융지원이 원

선순환구조를 만들다

활치 못한 상황이었다.

특히 건설·조선·해운 등 경기에 민감한 업종들의 경영 악화가 가속화되었다. 살릴 기업과 정리할 기업을 빠르고 명확하게 구분하지 않으면, 시장 전체가 악화 일로를 걸을 수밖에 없는 상황이었다.

"지원을 해도 무너질 부실기업과 조금만 도와주면 살아날 수 있는 기업을 잘 구분해 판단하는 것이 중요합니다."

시장에서 구조조정의 필요성이 대두되는 가운데 2008년 11월 11일 국무회의에서 대통령이 금감원장에게 요청한 내용이다. "모든 책임은 금감원장이 진다는 책임감 있는 자세로 임해 달라."라는 당부에 따라 금감원은 11월 28일 금융위원회와 합동으로 기업들의 금융애로 해소 및 재무개선 등을 지원하기 위한 '기업재무개선지원단(기재단)'을 설치하였다.

금감원장을 단장으로, 구조조정 경험이 풍부한 직원들로 구성된 '기재단'의 급선무는 시장의 불안심리를 해결하고 불확실성을 제거하는 것이었다. 이를 위해서는 우리 경제가 처한 현실을 직시하고, 면밀하고 엄격한 검토를 통해 금융위기로 가장 크게 영향 받는 경기 민감 업종과 대기업·중소기업에 대한 신속하고 체계적인 구조조정 방안을 수립하는 것이 무엇보다 중요하였다. 원장 이하 모든 기재단 직원들은 '옥석 가리기를 통한 경영정상화 가능성이 있는 기업의 조기회생'이라는 일념으로 매진하였다.

마침내 출범 이후 10여 일 만인 12월 9일, '기업구조조정 추진 방향 및 추진체계'를 발표하였다.

추진 방향은 기업 살리기에 중점을 두되, 회생 가능성이 없는 기업은 신속하게 정리하기로 하였다. 그러나 과거 외환위기 당시처럼 이미 부실화된 기업을 일괄 정리하는 방식 대신 잠재위험이 큰 부분부터 점진적으로 추진해 나가기로 하였다. 기업구조조정은 채권금융회사가 주도적으로 추진하도록 체계를 확립하고, 감독당국은 법적 제도적 기반 조성 등 구조조정이 효율적으로 추진될 수 있도록 지원하기로 하였다.

미증유의 글로벌 금융위기 속에서도 신속한 기업구조조정 추진을 위한 기반이 조성되었지만 시장의 우려는 컸다. 원장은 2008년 12월 23일 기자간담회를 열어 "실물경기 침체의 영향을 가장 크게 받아 유동성 애로를 겪는 건설업과 조선업에 대해 우선 구조조정을 추진하겠다."라고 발표하였다. 기업구조조정촉진법에 따라 매년 4~6월 중 실시하는 기업신용위험 정기평가를 거쳐 구조조정을 추진할 수도 있었으나, 당시 채권은행이 자율적으로 제정한 기업신용위험 평가기준은 2008년 말 유동성 상황이 급격히 악화된 건설·조선 업종의 특성을 반영하지 못하고 있었을 뿐만 아니라, 은행별로 평가기준도 달라 금융회사 간 이견이 발생하면 신속하고 단호한 구조조정 추진을 저해할 우려가 있었다.

조속한 구조조정이 이루어지지 않으면 이들 업종의 연쇄부도가 불가피한 상황에서 신속한 구조조정을 위해 TF팀을 구성하여, 건설·조선업 신용위험 평가 지침을 마련하였다. 이들 업종은 물론 뒤이어 부실 발생이 우려된 해운업도 고유의 특성을 반영한 세부 평가기준을 마련하고 신용위험 평가를 시행하여 구조조정을 추진하였다.

그러나 과거 외환위기 때와는 달리 이번에는 사전 예방 차원이라 속도감이 다소 떨어지고, 기업이나 채권은행에서 적극 나서지 않는 경향이 있었다. 원장은 2009년 4월 30일 9개 은행장과의 간담회를 열고 채권은행장들에게 '일시적인 유동성 문제에 직면한 기업은 과감하게 지원하되 회생 가능성이 없는 기업은 과감하게 정리하는 지혜를 발휘'하도록 지시하였다. 한 기업의 생존뿐만 아니라 국가 경제에 미치는 영향을 고려하여

선순환구조를 만들다

원칙에 따라 기업구조조정이 신속하고 단호하게 시행될 수 있도록 강조한 것이다.

"구조조정 작업을 하다 보면 외부 압력도 있었지만, 구조조정 대상 기업에 대해서는 빠뜨리지 않고 단호하게 구조조정 작업을 진행하였다. 외부의 감시하는 눈이 많아 새장에 갇혀서 일하는 듯한 느낌이었다."

2009년 초 업종별 구조조정을 시작으로 대기업 그룹, 개별 대기업 및 중소기업 등 기업 규모를 고려한 구조조정에 이르기까지 2년여의 기간 동안 숨 가쁘게 구조조정을 담당한 신웅호 국장의 술회는 구조조정의 속성을 한마디로 설명하고 있다. 해당 기업의 임직원, 협력업체, 채권금융회사 등 이해관계자의 손실분담이 수반되는 매우 고통스러운 과정이 구조조정이다. 그러나 기재단은 기업에는 회생을, 금융회사에는 채권 회수율을 높여 기업과 금융회사가 상생(win-win)할 수 있는 해법을 모색하였다. 구조조정 대상 기업들의 신속한 경영정상화를 위하여 채권금융회사들을 적극적으로 독려하고, 채권금융회사가 구조조정 대상 기업에 대한 지원 방안을 마련하게 하는 등 채권금융회사 중심의 구조조정 작업을 측면에서 지원하였다.

워크아웃 대상 업체에 대해서는 개시 전에 금융회사의 채권회수 등 금융제한 조치가 발생하지 않도록 지도하고, 수익성 있는 해외 건설계약 등에 대해서는 은행이나 한국무역보험공사의 보증서 발급이 원활하게 이루어질 수 있도록 하는 등 기업의 애로사항 해소를 위해 노력하였다.

이처럼 글로벌 금융위기 이후 건설업과 조선업을 시작으로 기업구조조정을 선제로 추진한 결과, 시장의 불안심리와 불확실성을 해결할 수 있었고 우리 경제가 위기를 조기에 극복하는 토대가 마련되었다.

고객의 재산을 지켜라

OECD 가입국 중에 가장 빠른 속도로 글로벌 금융위기를 벗어났지만, 위기 이후의 여진은 여전하다. 경제의 불투명성은 확대되고, 예측 가능성은 떨어졌다. 경기침체와 맞물려 쉽게 돈을 벌기 위한 불법·탈법 행위도 증가하고 있다. 날로 증가하는 보험사기가 바로 대표적인 사례이다.

보험사기 적발 규모가 매년 약 30%씩 증가하고 있고 연루되는 계층도 주부나 청소년 등으로까지 확산되고 있다. 이러한 보험사기의 가장 큰 폐해는 무엇보다 보험금 누수로 인한 보험료 인상에 있다. 일부의 사기범에 의해 자행되는 보험사기로 말미암아 다수의 선량한 피해자가 불필요한 보험료 인상이라는 경제적 부담을 지게 된다. 보험사기의 증가에 따른 보험사들의 손해율 악화는 보험상품 판매의 중단과 서비스의 축소로 이어질 수밖에 없고, 이는 결국 금감원의 핵심 고객인 국민의 편익과 서비스를 누릴 권리에 대한 중대한 침해를 초래하게 된다.

경제 시스템도 온전하기 어렵다. 금감원은 우리나라 유일의 보험사기 조사전담기관으로서, 다수의 선량한 금융소비자를 위한 보험사기 근절에 주력하였다.

보험조사실은 이전보다 한층 더 강화된 적출기법을 동원하여 보험사기 적발 확대와 조사 역량 강화를 추진하였다. 갈수록 지능화·조직화·대형화하는 보험사기에 선제로 대응하기 위하여 검찰·경찰 등 수사기관과 합동으로 주요 문제 분야에 대한 기획조사를 적극 시행하였다. 다수의 지능형 범죄를 적발하는 성과를 올리게 된 배경이다.

또한, 보험계약 및 사고정보 등을 DB로 관리·분석하여 보험사기 혐의

선순환구조를 만들다

자를 자동으로 추출해 낼 수 있는 보험사기인지시스템(IFAS, Insurance Fraud Analysis System)을 독자적으로 개발·운영하고 있다. 보험사기조사 지원을 위한 최첨단 보험사기인지시스템의 기능개선을 지속적으로 추진하여 혐의자별 보험사기 여부에 대한 계량적 예측 정보 제공을 위한 신규 모델 개발에 착수하는 한편, 주요 혐의자 간 연계분석(VL, Visual Links) 기능의 정교화 및 데이터 검증 능력 등을 강화하여 보험사기 혐의 분석 기능의 고도화를 적극적으로 꾀하였다.

보험사기 조사와 관련한 인프라 확대에도 전력을 기울였다. 보험사기 인지시스템을 독자적인 브랜드로 적극 육성하기 위하여 상표출원도 추진하였다. 국내 유일한 시스템으로서의 법적 권한을 확보하면서, 시스템에 대한 홍보 효과도 배가시켜 국민의 경각심을 높이는 데 기여하고자 하는 것이다.

이와 함께, 보험사기 조사 역량 강화를 위해 다양한 관계기관들과의 업무 협력 체계를 확립하였다. 2009년 5월 경찰청과 보험사기 등 민생범죄 근절과 관련한 업무협약을 체결하였으며, 2010년 12월에는 화재사고 관련 주무기관인 소방방재청과 업무협약을 체결하여 방화 등 화재 관련 보험사기에 대한 적발 역량 강화를 위한 토대를 마련하였고, 2011년 1월에

보험사기로 인한 피해 등을 줄이기 위해서는 유관기관들과의 협조가 필요하다.
위쪽 사진은 소방방재청과, 아래쪽 사진은 건강보험심사평가원과 각각 MOU를 체결하는 모습.

보험사기에 대한 경각심을 높이기 위한 대국민 홍보 역시 금감원의 업무 가운데 하나다.

는 건강보험심사평가원과의 업무협약도 맺어 의료비 관련 보험사기에 대한 공·민영보험 조사기관 간의 공조 체계도 구축하였다.

이러한 보험사기 적발강화 노력에 더하여, 보험사기로 인한 선의의 소비자를 구제하기 위하여, 2009년 6월 보험계약자가 보험사기 피해 사실을 입증하지 않더라도 보험회사가 피해 사실을 확인하고 할증된 보험료를 돌려주는 '자동환급 서비스 제도'를 도입하였다.

이를 통해 부당하게 자동차보험료가 할증된 운전자 1,160명에게 할증 보험료 5억 5,100만 원을 환급하는 등 소비자 보호 효과가 나타났다.

보험사기의 근본적인 근절을 위해서는 사후 적발만으로는 한계가 있다. 체계적인 예방 활동을 통해 소비자 보호는 물론, 심각성을 모르고 가볍게 생각해서 범행을 저질렀다가 나중에 적발되어 범법자로 전락한 사람들도 구제할 수 있어야 한다. 금감원은 2010년 6월부터 보험사기에 연루될 위험성이 높은 주요 계층과 직종 종사자에 대한 맞춤형 예방교육을 적극적으로 시행하였다. 보험 등 경제 관련 지식이 부족하거나 직무상 관련 유혹에 노출되기 쉬운 계층 및 유관 업무 종사자들에 대하여 관련 교육기관(교통연수원 등)의 협조를 얻어 다양한 대상별 맞춤형 예방교육을 추진하여, 2010년 12월 말까지 총 1만 3,500명에게 교육을 하였다.

보험사기에 대한 경각심을 높이고 근절 필요성에 대한 인식을 정착시키기 위해 다양한 홍보 활동도 벌이고 있다. 보험협회 등 유관기관과의 공동 홍보체제를 구축하고 보험사기의 폐해와 심각성, 근절 필요성을 더욱 체계적이고 전략적으로 전파하기 위해 노력하고 있다.

라디오·신문 등 대중매체를 활용한 공익광고를 하는 한편, 대국민 홍보용 책자·포스터·리플릿 등을 제작하여 주요 기관에 배포하였다. 젊은층을 겨냥하여 뉴스레터·트위터·블로그 등을 활용한 사이버 홍보도 적극적으로 전개하고 있다.

제로(Zero)를 향하여

2006년 6월부터 2009년 12월까지, 3년 반 동안 총 2만 643건 2,038억 원의 피해를 주었다. 대상도 노인 등 취약 계층만이 아니라 판사, 변호사, 대기업 부장, 교사 공무원 등 전 국민이다. 2008년 3월에는 500만 원 사기로 노인이, 2009년 3월에는 600만 원 사기로 대학생이 자살하였다.

사회면 톱을 장식할 만한 이 위력적인 피해는 다름 아닌 전화금융사기이다. 금감원 서민금융지원실에는 이 밖에도 손자에게 용돈을 주려고 모아놓은 1,000만 원을 사기당한 할아버지의 망연자실한 목소리, 아르바이트로 모은 돈을 몽땅 날린 젊은이의 회한에 찬 절규, 피해 회복 방법을 알려달라는 아주머니의 울음 등 안타까운 사연이 거의 매일 쇄도한다. 직원들의 자괴감도 커졌다.

전화금융사기는 2006년 5월 인천의 한 피해자가 국세청 직원을 사칭하는 전화를 받고 세금을 환급해 준다는 사기범 말에 속아 800만 원을 이체한 사건을 시작으로, 대만과 일본을 거쳐 우리나라에 들어왔다. 해를 거듭할수록 사기수법도 지능화·다양화하고 있다.

초기에는 세금을 돌려준다는 등 금전을 제공하는 것으로 가장하더니, 최근에는 '예금보호조치' 등 손실 예방을 위한 것이라며 호도한다. 그러나 범인 검거는 여의치 않은 것이 현실이다. 주범이 주로 중국에서 활동하고 국내에서는 송금책·인출책 등 철저히 역할을 분담한 점조직 형태로 운영되며, 타인 명의의 대포폰과 대포통장을 사용하여 수사기관의 추적을 회피하고 있기 때문이다. 피해자의 금전적인 손실도 심각하지만, 불신사회 조장 등 사회 문제화하고 있는 상황에서 피해 예방을 위한 적극적인 조치가 절실한 상황이었다.

"유인우주선이 먼 우주까지 왕복하는 최첨단 시대의 전화금융사기 '0(Zero)%' 달성은 요원한 일일까?"

밤늦게까지 머리를 맞대고 숙의를 거듭한 끝에 2009년 6월부터 전화금융사기 피해방지를 위한 다양한 대책을 시행하고 있다. CD/ATM기에서 전화금융사기에 주의하도록 음성경고를 2회 이상 실시하도록 하고, 최근 1년간 계좌이체 실적이 없는 계좌의 CD/ATM기의 이체한도를 1회 600만원 및 1일 3,000만원에서 1회 및 1일 70만원으로 대폭 축소하였다. 또한 예금통장의 양도·대여 행위가 불법행위에 해당함을 예금통장 속지에 기재하고 20개 금융회사와 공동으로 전화금융사기에 많이 이용되고 있는 유형의 계좌를 집중적으로 단속하여 171억 원의 피해를 예방하기도 하였다. 그러나 신종 사기수법이 계속 등장하면서 노인, 주부 등 정보 취약 계층의 피해는 여전하였다.

금감원은 더욱 강력한 제도 개선과 대국민 홍보 활동을 강화하기로 하고, 2010년 '단기간 다수계좌 개설목적 확인 제도'를 시행하였다.

3월 29부터 25개 금융회사(17개 은행, 농·수협 회원조합, 상호저축은행, 신협, 산림조합, 우체국, 새마을금고, HSBC 은행)를 대상으로, 예금계좌 개설정보를 상호 공유하여 단기간에 다수 계좌 개설 여부를 전국은행연합회의 '예금계좌 개설정보 조회 전산시스템'을 통해 그 대상(개설 요청일 포함 20영업일 이내 다른 금융회사에서 1개 이상의 입출금이 자유로운 예금계좌를 개설하고, 해당 회사에서 두 번째 이상 계좌를 개설하는 경우)을 확인하고, 단기간에 다수 계좌를 개설한 자의 경우에는 거래 목적을 확인하고 목적이 불명확한 경우에는 계좌 개설을 거절하는 등 초기 단계부터 선제적으로 대포통장으로 이용될 수 있는 예금계좌 개설을 차단하도록 한 것이다.

처음에는 금융실명제에 저촉될 수 있고, 예금계좌 개설을 거부할 법적 근거가 없는데다 약 5억 5,000만원 내외의 소요경비는 누가 부담하느냐며 금융회사들이 반대하였다. 심지어 2009년 성과도 내고 관계기관 호평도 들었으니, 그만하자는 일부 회사도 있었다.

그러나 전화금융사기 '0% 달성'을 위해서는 여기에서 멈출 수가 없었다. 관계기관으로부터 금융실명제에 저촉되지 않는다는 유권해석을 받았고, 「특정금융 거래정보의 보고 및 이용 등에 관한 법률」에 의한 '고객 확인의무'에 따라 거래 목적이 불분명한 경우 예금계좌 개설 거절이 가능

선순환구조를 만들다

하다고 설득하였다. 소요예산은 과거 예금계좌 개설 수에 비례하여 분담하기로 하였다. 이 제도로 전화금융사기에 이용되는 대포통장 개설이 90% 이상 감소하는 효과가 나타났다.

그러나 한동안 뜸하던 전화금융사기는 얼마 지나지 않아 더 지능적 수법으로 나타났다. 대출 광고를 내고 연락하는 사람들에게 대출을 미끼로 개설일이 오래된 예금통장 사본 및 현금카드(체크카드)를 보내라고 해서 이를 가로채는 것이다. 그 유형을 분석한 결과, 사기범들이 일정한 패턴을 보인다는 것을 발견하였다. 현금자동인출기(CD/ATM) 또는 폰뱅킹을 통해 일정 금액 이상 입금하고, 15분 이내 현금지급기를 통해 70만 원 이상의 금액을 인출하는 시도를 하였다. 이런 유형의 거래를 실시간 모니터링 한다면 신규 계좌는 물론 기존 계좌를 이용한 사기도 예방할 수 있다는 판단에 따라, 시스템을 구축하였다. 2010년 11월부터 인출시도 계좌의 정보를 전화금융사기 모니터링 담당 직원에게 실시간 통보하여 입금은행 모니터링 직원에게 사기 피해금이 아닌지를 신속히 확인하도록 하였다. 이와 함께 금융회사 전화금융사기 혐의계좌 모니터링 담당 직원 간의 신종 사기수법 정보교환 및 우수 피해 예방 사례 공유 등을 위한 간담회를 세 차례 개최하였다. 변추단이 간담회 비용을 지원해 준 덕분에 피해 예방은 물론, 담당자 간 협조 체계 구축에 큰 도움이 되었다.

이와 함께 '전화금융사기 지급정지자금 반환 특별법' 제정도 추진하였다. 피해자가 피해금을 돌려받으려면 소송을 해야 했던 불편함과 금전적·시간적 손해에서 벗어나 피해자가 소송을 거치지 않고도 신속히 돌려받을 수 있게 하려는 것이다. 2008년 12월 금감원 지원으로 국회에서 발의되었지만, 사기에 이용된 계좌 명의인의 보호 문제(사유재산권 침해) 등과 관련하여 사법당국의 반대에 부딪히면서 유관기관(금융위, 대법원,

금융 관련 사기와 피해를 줄이기 위해 금감원은 방송, 신문, 인터넷 등
다양한 매체를 활용하여 캠페인을 전개하고 있다.

법무부, 경찰청, 전국은행연합회, 예금보험공사, 금융감독원) TF를 구성하고
수정 법률 대안을 마련하였다.

국회의 법안 심의 과정 등에도 적극적으로 참여하여 마침내 국회 본회
의 통과(2011. 3)를 이끌어냈다.

한편 대국민 홍보를 위해 5대 포털 사이트에 예금통장 대여·양도·
판매행위가 불법임을 홍보하는 포스터 등 콘텐츠를 게재하였다. 예금
통장의 대여·양도 행위는「전자금융 거래법」위반으로 3년 이하의 징
역 또는 2,000만원 이하의 벌금이 부과될 수 있다는 사실을 알리고자
포탈 업체를 설득하여 '대포통장'을 검색하면 캠페인 내용이 최상단에
표시될 수 있도록 한 것이다.

앞으로는 '대포통장' 이외에도 '대출' '대부' '론' 등을 입력할 때도 캠
페인 내용이 표시될 수 있도록 협의하고 있다. 또한, 대포통장 매매광고
가 게재되는 인터넷 카페 등에 대한 집중 모니터링을 통해 불법광고는
방송통신심의위원회가 삭제하거나 접근을 차단할 수 있도록 하였다.
2010년 12월부터 지식경제부, 우정사업본부와 공동으로 '전화금융사기

선순환구조를 만들다

피해 예방' 및 '대포통장 근절캠페인' 공익광고를 교통방송(TBS)을 통해 방송하고 있다. 또한, KBS 1TV의 〈산넘어 남촌에는〉, KBS 2TV의 〈수상한 삼형제〉·〈국가가 부른다〉 등의 드라마에서 전화금융사기 사례를 방영하였다.

한국방송작가협회에도 전화금융사기를 방송 소재로 적극적으로 활용토록 협조를 요청하였다. 이 밖에도 다양한 방송매체 및 프로그램을 통해 전화금융사기의 심각성을 알리면서, 피해가 상당히 감소하였다. 2010년 10월 중 피해건수(4,261건)와 피해액(434억원)이 전년도 같은 기간보다 각각 30.3%, 22.2% 감소하였고, 전화금융사기 혐의 계좌 모니터링 강화로 같은 기간 사기 혐의 계좌에 입금된 피해액 442억 원 중 318억 원(71.9%)을 지급정지하여 사기범이 인출하지 못하도록 하였다.

케이크를 사 들고 직접 찾아와 감사를 전하고, 해당 은행 정기예금에 가입하거나 재발 방지를 위해 언론 인터뷰를 자처하는 등 고객들의 반응도 뜨거웠다. 피해를 막아야 한다는 감독자로서의 책임의식만으로는 넘기 어려웠던 지난 시간, 법과 제도적 충돌 앞에서 버겁기도 하였지만 전화금융사기 '0%'를 향해 매진한 결과가 나타난 것이다.

지레 포기하지 않고 전력을 기울임으로써 미래를 대비한 변화의 토대를 만든 것이다.

상생(相生)의 시장 만들기

주요 경제지표상으로는 금융위기를 탈출할 것으로 예고됨에도 위기의 여진은 상당 기간 지속한다. 2008년 글로벌 금융위기 이후 전 세계적인 저금리 기조로 시장유동성이 증가함에 따라 투자자들의 고수익 추구 성향에 편승하여 무인가·무등록 금융투자업이 우후죽순처럼 등장하였다.

이들은 주로 감독 당국에 인가·등록하지 않고 선물계좌 대여, FX마진 거래(외환차액거래), 불법 투자자문 등의 업무를 영위하고 있었다.

2009년 2월 4일 「자본시장과 금융투자업에 관한 법률」이 본격 시행됨에 따라 자본시장 내 장벽을 허물어 금융투자업의 경쟁과 혁신을 유도하는 한편, 자본시장에 대한 투자자의 신뢰를 충분히 형성될 수 있도록 금융투자자 보호장치가 강화되었지만, 추가 대책이 필요한 상황이었다. 지금까지 금감원 금융투자업 서비스본부 내 인가·등록 업무 담당 부서들은 금융투자 회사들의 인력·설비·사업계획의 타당성과 이해 상충을 규제할 수 있는 내부통제장치 구축 등 부적격자를 가리는 데 심사를 집중하였다.

그러나 무인가·무등록 금융업체들은 통신판매업 등 금융투자업과 무관한 업종으로 등록하고 나서 투자자들에게는 합법적인 금융투자업 인가를 받은 것처럼 가장하고, 일반 금융회사처럼 홈페이지까지 개설하여 이용약관 등을 상세하게 명시하면서 투자 상담까지 진행하고 있었다. 그러나 이들을 통해 투자한 투자자들은 한두 번의 거래에서 거액의 투자원금을 모두 잃는 사례가 빈번하게 발생하였고, 금감원에 피해상황이 민원·제보 등을 통해 접수되기 시작하였다.

당시 이 문제를 방치할 경우 사회적으로 큰 문제가 되었던 보이스피싱만큼 심각해질 수 있다는 판단이었지만, 금감원에서 인가·등록·신고 없이 활동 중인 불법업체의 규모나 영업 현황을 파악하기는 곤란하였다. 따

선순환구조를 만들다

라서 2008년 초부터 총괄조정국 사이버금융감시반은 불법금융행위업체에 대한 수사기관 이첩 조치를 시작하였다.

2009년 6월 금융투자서비스국, 복합금융서비스국과 금융투자협회가 합동조사를 하여 불법 FX마진거래 및 유사 수신 행위를 적발하였다. 2010년 3월에는 자산운용서비스국에서 유사 투자자문업자들에 대한 영업 실태를 점검하여 시정 조치하는 등 무인가 조치에 대한 금감원의 대응이 점차 구체화되었다.

그러나 무인가·무등록 금융투자업자들로 인한 피해가 점차 확대됨에 따라 2010년 4월 금융투자업 서비스본부는 금융투자서비스국, 자산운용서비스국, 복합금융서비스국 직원 12명으로 '무인가·무등록 금융투자업 점검 TF'를 신속히 구성하였다. TF는 우선 민원·제보, 인터넷 점검 등을 통해 수집된 정보를 바탕으로 무인가·무등록 금융투자업자 현황을 파악해 나갔다. 담당자들의 면밀한 조사 결과 무인가·무등록은 크게 무인가 선물계좌 대여, 무등록 투자자문 및 무신고 유사투자자문, 불법 FX마진거래 등의 유형으로 구분되었고, 이 업체들은 증거금 일부만 투자자에게서 유치하고 나머지 투자 금액은 무인가 업체들이 모두 대여해 줌으로써 레버리지(차입)가 큰 선물거래를 가능하게 하거나 불법으로 1:1 투자자문을 하는 방식 등으로 투자자들을 유인하고 있었다.

활발하게 영업 중인 불법업체 현황파악을 토대로, 2010년 8월부터 무등록 투자자문업자·무신고 유사투자자문업자 및 불법 FX마진거래에 대한 구체적인 대응이 시작되었다. 자산운용서비스국과 복합금융서비스국은 업체의 구체적인 영업 실태를 파악하여 수사기관에 이첩 조치하였고, 금융투자서비스국은 10월부터 무인가 선물계좌 대여 등에 대해 현황을 조사한 후 위반 내용을 수사기관에 이첩하였다.

본부 차원에서 적발한 무인가·무등록 금융투자업자 불법행위 건수가 총 100여 건이었다.

그러나 여전히 대부분의 무인가·무등록 업체들이 음성적으로 사업 중이다. 금감원은 물론 수사기관에서도 이들의 사업 규모나 영업 내용 등을 명확히 파악하기는 어렵다. 이들에 대한 조사 전례가 없어 구체적인 조사 수단도 없어 혐의입증 자료를 제한적으로 수집할 수밖에 없다. 아직 피해 사례도 소수이고 금액도 적은 편이라 수사기관이나 사회적 관심도 낮다.

이번 점검 조치로 무인가·무등록 금융투자업자에 대한 감독을 더욱 강화하기 위한 첫 걸음을 내디딘 것이다. 위험에 대비하기 위한 토대를 만든 것이므로 이제부터 시작이다. 금감원은 이번에 드러난 문제점을 보완하여 더 적극적인 조치가 이뤄질 수 있도록 다양한 방안을 검토 중이다. 전담조직 설치 등도 방안이 될 수 있을 것이다. 투자교육 및 홍보의 필요성도 절감하였다. 금감원이나 금융위 홈페이지에 금융투자업자들의 인가, 등록 현황을 모두 공시하고 있지만, 투자자들은 잘 모르고 있었다. 특히, 무인가·무등록 금융투자업자들이 자신의 홈페이지에 금융투자업 인가 여부를 공지하고 있지 않음에도 불구하고 단순히 홈페이지가 구축되어 있다는 이유만으로 그 업체를 신뢰하여 거래하는 것은 참으로 심각한 문제이다.

금융투자업에서 허용된 투자 행위는 은행의 예금과는 달리 높은 수익을 추구하되 투자 원금을 보장하지 않아 그 위험 수준이 훨씬 높다.

금융투자업 인가 때 현재 투자자들에게 투자의 위험성을 사전에 알리고, 이를 관리할 수 있는 일정한 요건을 갖춘 자들에 한해 엄격한 심사를 거치도록 하는 이유가 여기에 있다. 그러나 무인가·무등록 금융투자업자들은 투자자 보호보다 금전적 이득 취득을 위해 높은 수익률만 제시하여

선순환구조를 만들다

투자자들을 현혹한다. 피해를 본 투자자에 대해서는 방관하고 있다. 이러한 무인가 업체들이 난립하면 자본시장의 신뢰성은 땅에 떨어지고 발전을 저해 할 수밖에 없다.

투자자들의 의식 수준이 높아지지 않는다면 무인가·무등록 금융투자들의 영업은 더욱 활발해질 것이다. 감독 당국도 선제 대응보다 투자자 피해대책 등 후속 조치 마련에 급급할 수밖에 없게 된다.

금감원은 이를 미리 방지하기 위하여 2011년부터 협회·금융투자업자 등을 통해 교육하는 한편, 방송·신문 등을 통해서도 홍보를 확대할 계획이다. 무인가·무등록 업체들에 대한 대대적인 점검 조치는, 장기적으로 충분한 능력을 갖춘 금융투자업자들만을 시장에 참여시킴으로써 투자자의 올바른 투자를 유도하고 시장참여자들이 모두 상생하는 구조를 정착시키는 계기가 될 것이기 때문이다.

사이버테러를 막아라

"만약 인터넷뱅킹이 사이버테러 를 당한다면?"

인터넷뱅킹, 사이버 트레이딩 등 전자금융서비스가 이미 보편화한 금융 거래 수단이 된 시대에 상상만으로도 끔찍한 일이다. 이 시대에 사이버테러에 대응하는 능력은 금융산업의 지속 성장을 위한 기본 요소일 뿐만 아니라 사회의 정상적인 작동을 돕는 인프라이다.

현재 각 금융회사는 사이버테러에 대비하기 위하여 디도스 공격 (DDoS, Distributed Denial of Service) 대응시스템을 갖추고 정기적인 모의훈련 실시와 함께 24시간 관제시스템을 운영하는 등 지금 이 시간에도 공격 대응에 만전을 기하고 있다. 그러나 오늘에 이르기까지 많은 시간과 노력이 필요했다. 특히 유례없는 대규모 사이버테러를 경험하고 극복하기 위해 고민했던 많은 변화 노력이 대응체계를 견고히 하는 데 기틀이 되었다. 지상전은 다양한 위험신호라도 있지만, 사이버테러는 한순간에 시작되었다.

2009년 7월 7일. 유난히 기승을 부린 더위가 한풀 꺾일 퇴근 시간 무렵, 금감원 IT서비스실의 전화벨이 울리면서 팀원들의 모든 휴대전화에 동시에 문자가 도착했다.

"대규모 트래픽 공격으로 인터넷뱅킹이 지연되고 있다."라는 은행 관계자의 다급한 전화와 함께 도착한 문자는 "오후 6시 30분경 인터넷뱅킹 홈페이지 및 인터넷뱅킹 서비스 접속 속도 느려지는 현상 발생, 디도스 (DDos) 공격으로 판단, 공격 차단 실시 중."이라는 금감원에 구축된 전자금융사고 대응시스템에 긴급 사고접수가 되었다는 내용이었다. 직원들은 이번 공격이 통상적인 공격과는 차원이 다름을 금세 직감할 수 있었다. 지체할 틈 없이 다른 금융회사들의 상황을 확인하기 위한 비상연락망이 즉각 가동되었다. 공격을 받는 금융회사는 두 곳이 더 있었다. 충격적인 것은 이번 공격이 금융회사만의 문제가 아니라 국가적인 초유의 비상상태로, 청와대를 포함한 국내 유수의 포털 사이트들도 공격 목표로 설정되어 있다는 것이다.

잠깐의 망설임도 용납될 수 없는 순간이었다. 공격 인지와 함께 금감원 IT업무팀을 '범금융권 비상대응반'으로 전환하고, 금융회사 및 금융정보보호 전문기관과 24시간 공동 대응 체계를 구축하였다. 밤낮없이 탐지정보·대응기술을 활발히 공유되었다. 긴밀한 대응으로 다행히 빠른 시간

선순환구조를 만들다

내에 향후 금융권 공격 대상 및 시간을 예측할 수 있었고 이를 통해 대응 효과도 배가되었다. 실제 악성코드에는 스케줄러(Scheduler) 기능이 설계되어 있어, 24시간 단위로 7월 10일까지 디도스 공격이 계속되게 되어 있었다.

기술적인 대응뿐만 아니라 인터넷 혼란에 따른 고객 보호에 나서야 했다. 금감원은 보도 자료와 TV 인터뷰 등을 통하여 금융권의 체계적인 대응 노력을 적극적으로 알림으로써 불안감을 불식시키는 데 온 힘을 쏟았다. 금융회사도 자체 고객 홍보를 강화하고 정보보호 업체가 개발한 무료 백신을 홈페이지를 통하여 고객에게 즉각 배포함으로써 공격력을 저하하는 데 일조하였다.

이와 함께 향후 공격이 은행뿐만 아니라 타 금융권역에 확산될 경우를 대비해야만 했다. 금융정보보호협의회 위원장을 맡고 있던 이장영 부원장은 7월 10일 모든 금융권역의 정보보호 최고책임자(CSO, Chief Security Officer)를 긴급 소집하여 은행들의 대응 경험을 증권, 보험, 카드사에 알리고 전 금융회사의 대응체계 공조를 논의하였다. 하루 24시간이 모자랄 정도로 숨 가쁘게 보내던 가운데 닷새째 되는 날인 7월 12일, 국정원이 사이버 위협 관련 '주의' 경보를 '관심' 단계로 하향하면서 24시간 비상근무 체계가 해제되었다. 다행히 그 기간에 금융권은 큰 피해 없이 업무가 정상적으로 운영되었고, 공격을 받은 다른 사이트들에 비해 비교적 성공적으로 대응함으로써 언론 등으로부터 긍정적인 평가를 받기도 하였다.

금감원은 2009년 9월, 디도스 공격에 대응했던 경험과 보완점을 담은 '디도스 종합대책'을 마련하였다. 금융회사가 대응시스템을 갖추고 모의훈련을 정기적으로 실시토록 함과 동시에 24시간 관제시스템 운영 등을

우리금융 IT센터에서 실시된 디도스 대응 현황을 점검하였다.

〈디도스 종합 대책 주요 내용〉

1. 금융회사는 디도스 공격대응시스템을 도입하여 24시간 사이버 침해 여부를 모니터링하고 연 1회 이상 모의 훈련을 실시

2. 금융회사는 최고정보보호책임자(CSO, Chief Security Officer)를 임명하고, 「금융정보보호계획」을 매년 수립하여 이사회 등의 승인을 받아 정보 보호를 체계적으로 추진

3. 금감원은 금융회사의 사이버 침해 대응 능력을 중점 검사 항목으로 지정하여 IT검사 강화

4. '금융정보보호 아카데미' 등 10여 개 교육 훈련 과정을 개설하여 연간 2,000여 명의 금융정보 보호 전문가 양성

선순환구조를 만들다

하도록 지도하였다.

종합대책 발표 이후 은행과 증권사를 중심으로 대책 이행 및 사이버테러 대비 모의훈련을 즉각 시행하였고, 금감원은 현장 점검을 통하여 대책 및 훈련의 실효성을 점검하였다. 이렇게 치열한 과정 속에서 금융회사는 자체 대응체계뿐만 아니라 금융정보공유분석센터(ISAC, Information Sharing & Analysis Center) 내 통합보안 관제센터를 구축하여 이중 방어 체계를 완비하는 등 사이버테러 공격 대응 체계를 점차 갖추어 나가고 있었다.

그러나 위기는 다시 찾아왔다. 7·7 디도스 공격 1주년을 앞둔 2010년 6월, 일부 정부 사이트를 대상으로 한 디도스 공격으로 국내 사이버 위기가 다시 고조되었다. 금감원은 6월 15일부터 금융회사 및 금융 ISAC과 공동으로 비상근무 및 24시간 모니터링 체제를 강화하였다.

원장은 6월 30일, 서울 마포구 상암동의 우리금융그룹 IT센터를 전격 방문하여, 디도스 공격 등 사이버테러 대응상황을 점검하였다. 이 자리에서 관계자 격려와 함께 '사이버테러 공격이 금융권으로 확산해 피해가 발생하지 않도록 모니터링 강화 및 신속한 대응 체계 정비 등 최대한 노력을 기울여 줄 것'을 당부하기도 했다.

2010년 7월 7일, 디도스 공격 정확히 1년 만에 우려했던 디도스 공격이 다시 발생하였다. 청와대, 외교통상부, 네이버 등과 더불어 1년 전 동일 날짜의 공격 대상이었던 은행 두 곳도 포함되어 있었다. 금감원은 즉각 금융결제원에 설치된 디도스 공격 대응 비상상황실에 인력을 파견하여 감독 업무를 수행하였다. 이전과 달리 공격 규모가 소규모라서 사이트 운영에 지장을 주지 않았고, 금융권 사이버테러 대응 체계가 구축되어 운영됨에 따라 큰 문제 없이 공격에 대응할 수 있었다.

어느덧 2011년이다. 오는 7월 또다시 디도스 공격이 되풀이될지 모를 일이지만, 사이버테러 같은 지능화된 범죄는 언제라도 재발할 수 있다는 긴장감을 유지하고 대응 노력을 지속하는 길이 최선이다. 제자리에 머무르는 것은 곧 위기를 부르기 때문이다.

금감원의 변화 노력은 갈수록 고도화되고 있는 지능적 공격에 대비하기 위해서라도 멈출 수 없다. 금융회사와 함께 전자금융시스템의 안정성을 굳게 지켜 우리 사회가 혼란에 빠지지 않도록 탄탄한 인프라 구축을 넘어 예측 가능한 모든 공격에 대비할 수 있는 만반의 준비를 갖추고자 노력하고 있다.

긴장 속에서도 멈추지 않은 변화 노력이 위기 이후를 대비할 수 있는 선순환구조를 만들어가는 것이다.

선순환구조를 만들다

사고의 패러다임을 바꿔라

모든 장애물이 곧 기회라는 것을 명심하고
장애물을 찾자.
- 로버트 H. 슐러

질문하라

"Why?"

2010년 기업공시본부의 변화혁신 테마이다. 많은 커뮤니케이션 전문
가가 질문효과(Question Effect)를 강조하고, 변화혁신의 출발은 현재에
안주하지 않고 문제의식에 대해 질문하는 것이라 말한다. 하지만 여전히
과거의 관행과 새로운 시도에 대한 불안감이 질문할 생각조차 하지 못하
고 안주하게 만든다. 그러나 'Why?'의 효과는 놀라웠다. 아주 사소하고
평범해 보이는 일부터 질문하고, 조금만 노력하면 쉽게 바꿀 수 있는 것
들을 찾기로 하자, 찾아졌고, 과감히 바꿀 수 있었다.

대한민국 증권시장의 파수꾼임을 자부하는 기업공시본부는 하루하루

가 전쟁이다. 2,000개가 넘는 공시 대상 회사에서 매일 셀 수 없이 각기 다른 일이 발생하고 있다. 이에 따라 발행회사, 금융회사, 투자자 등 첨예하게 이해관계가 대립하는 당사자들의 문의전화가 빗발친다. 1분 1초가 아깝다. 2010년 '기업정보의 창 DART System'을 통해 제출된 증권신고서만도 총 900여 건이다. 정정신고서까지 포함하면 2,500여 건에 달하는 등 심사자의 손이 네 개라도 모자랄 수준이다.

이런 상황에서 금쪽같은 시간을 갉아먹는 '시간 잡아먹기의 달인'이 있었다. 언뜻 보기에는 아무것도 아니고 하찮은 잡일로 여겼던 '증권신고서 수리통지서 발송' 업무가 주범이었던 것이다.

증권신고서가 DART를 통해 접수되면 이에 대해 발행회사, 회계법인, 증권회사에 수리통지 공문을 발송한다. 이전까지 발송은 관련 규정상 서면으로만 하게 되어 있었기 때문에 통지문을 출력한 후, 일일이 우편봉투에 넣어 주소와 우편번호를 찾아서 기재하고 풀칠해 우편으로 발송해야 한다. '증권신고서 제출 시즌'에는 심사자 한 명에게 하루 평균 서너 개 이상의 증권신고서가 동시에 제출된다. 이에 따라 최소 10여 곳에 수리통지서를 보내야 하는데, IT 강국을 자부하는 대한민국에서 이런 아날로그 방식으로 발송한 것이다. 공시심사의 달인들이 '시간 잡아먹기 달인'에게 한나절 이상을 붙들려 있었다.

기업공시본부는 이런 비효율을 발견하고, 2010년부터 증권신고서 수리통지 방식을 과감하게 뜯어고쳤다. 서면통지만 가능하게 되어 있던 규정을 개정하여 전자발송의 근거를 마련하였으며, 금융회사와 유관기관에만 전자발송이 가능한 사무자동화시스템을 개선하여 회계법인에 대해서도 전자발송을 할 수 있도록 하였다. 또 DART 시스템 보완을 통해 일반회사에 대해서도 증권신고서 수리통지서를 전자발송하도록 하였다.

선순환구조를 만들다

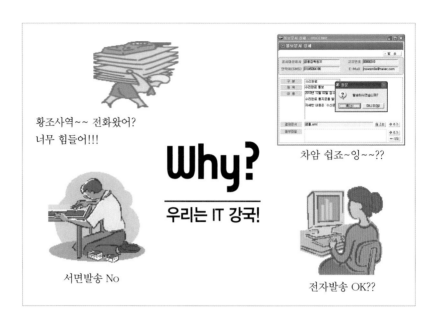

황조사역~~ 전화왔어?
너무 힘들어!!!

Why?
우리는 IT 강국!

차암 쉽죠~잉~~??

서면발송 No

전자발송 OK??

　새로운 전자발송시스템은 서면 결재 후 '발송 클릭'만 하면 발행회사, 회계법인, 증권회사 등에 자동으로 발송된다. 업무효율은 물론, 통지문 출력에 따른 용지낭비, 우편발송 비용, 인력낭비를 완전히 제거할 수 있게 된 것이다.

　전자발송을 위한 시스템 개발비용은 전혀 들지 않았지만, 약 6,000여 건의 수리통지서 우편발송 비용으로 약 1,000여만원이 전액 절감되었다. 이를 위해 소요되던 심사자 1인당 약 43시간, 총 1,000여 시간도 본연의 업무에 집중할 수 있는 귀한 시간으로 환원되었다. 2011년부터 공시심사의 달인들 개개인에게 연간 5.4일이 더 생긴 것이다. 수요자도 그동안 수리통지서를 우편으로 받으면서 분실 우려나 보관상의 번거로움에서 완전히 해방되었다.

　이 과정에서 기업공시본부 직원들은 변화의 필요성과 효과를 생생하게 체감할 수 있었다. '예전부터 이렇게 했던 것'이라는 생각의 굴레를 벗어던지고, 'Why?'라는 발상의 전환이 고객은 물론 금감원 직원들의 업무 효율성과 만족도, 그리고 일하는 기쁨을 느낄 수 있는 전환점이 되었다.

업무 프로세스를 바꿔라

발상의 전환으로 개선된 또 하나의 업무는 소비자서비스본부의 변화과제이다. 출발은 미미하였다. 불편하다고 느끼면서도 당연하다거나 어쩔 수 없다고 생각하고 받아들이던 것부터 찾아보기로 하였다. 제한된 인력으로 급증하는 민원을 처리하기에도 손이 모자라지만, 고객의 불편을 가져올 가능성이 있는 문제, 고객의 소중한 시간을 낭비하는 일이 없게 하는 길을 찾고자 한 것이다.

문제에 대한 인식을 바꾸니, 당연한 것이 당연한 것이 아니었다. 어쩔 수 없다고만 생각했던 많은 것을 바꿀 수 있게 된 것이다. 국민신문고 연계 시스템 보완은 이렇게 이루어졌다.

국민신문고를 거쳐 금감원에 접수되는 민원은 2009년 기준으로 연간 만여 건을 초과하는 수준이었지만, 처리 절차는 매우 비효율적이었다. 금감원 담당자가 국민신문고 시스템에서 민원을 출력, 스캔하여 민원관리시스템에 수작업으로 입력하고, 처리 결과도 양쪽에 동일한 내용을 이중으로 입력하게 되어 있었다. 이러한 문제를 개선하기 위해 국민신문고 민원시스템(www.epeople.go.kr)과 민원정보교환시스템을 구축하여 민원 접수 및 처리 결과가 자동으로 입력되도록 간소화하였다. 국민신문고에

선순환구조를 만들다

서 금감원을 처리기관으로 지정·분류하면 민원 내용이 금감원 민원시스템으로 자동 접수되도록 하여, 금감원 홈페이지를 통해 접수된 민원과 같은 절차로 처리할 수 있게 하였다. 또 소비자가 민원을 제기한 국민신문고 사이트에서 해당 민원 처리에 대한 결과를 조회할 수 있는 서비스이다.

생각을 바꾼 결과는 다양한 효과로 나타났다. 민원 처리 기간 단축 등 민원 업무 효율성이 대폭 향상되어 직원의 업무 만족도가 높아지고, 민원 서류 등의 누락 방지와 관련 문서를 체계적으로 관리할 수 있게 되었다. 민원 처리 기간 준수율도 2009년 1분기 67.2%로 공공기관 중 낮은 수준이었으나, 시스템을 개선한 2010년 3분기에는 99.8%로 대폭 상승하였다.

국민권익위원회 분석보고서에서 우수 사례로 기재되는 등 금감원의 대외이미지와 신인도 개선에도 이바지하였다.

이와 함께 금감원 민원 처리시스템의 비효율도 제거하였다. 민원 업무 처리 때 별도의 전자결재시스템을 통해서만 결재할 수 있게 되어 같은 민원 처리 결과를 전자결재시스템과 민원관리시스템에 중복으로 입력하는 절차가 오랫동안 유지됐던 것이다. 이를 개선하기 위해 민원관리시스템에서 민원 처리 결과를 원스톱 처리할 수 있도록 하여 민원회신 업무 절차를 기존의 5단계에서 1단계로 대폭 축소하였다.

민원 신청 때에도 고객이 민원 처리 결과의 회신 수단(서면, 인터넷, 전자우편 등)을 직접 선택하도록 하여, 서면회신을 원하지 않는 경우 민원 처리 결과를 이메일로 통보하는 동시에 인터넷에서 조회할 수 있다는 SMS 안내를 통해 고객이 신속히 답변을 받아볼 수 있도록 하였다. 이 덕분에 우편비용도 절감되는 부수 효과를 거둘 수 있었다.

민원이 접수되면 금융회사에 관련 자료를 요청하고 회신을 받는 과정에서 고객이 처리기간이 지연된다고 느끼는 답답함을 개선하기 위해 금감원과 금융회사 간 민원공유시스템도 설치하였다. 공유시스템 적용 대상도 차례로 전 금융회사 850개로 확대하여, 2009년 건당 평균 민원 처리 기간 17.6일에서 2010년 16.8일로 단축하는 등 구체적 성과를 거두고 있다.

특히 '금융분쟁정보시스템(FDIS)' 도입은 발상의 전환이 이룬 대표적 사례다. 소비자서비스본부 변화추진팀이 내놓은 다양한 아이디어 가운데 1년 동안 추진할 변화과제로 채택되어 마침내 결실을 거뒀다.

처음에는 다양한 분쟁 관련 정보를 모아서 공유하자는 단순한 취지로 시작되었지만, 그 과정은 변화촉진자들의 잠을 빼앗아갈 정도로 길고 험난하였다. 분쟁조정국에서는 내부 직원의 업무 참고 목적으로 매년 《조정 결정 사례집》과 《판결 사례집》·《자문 사례집》을 발간하고, 조정결정 례나 판결례 등 관련 자료를 '분쟁조정정보(DSI) 시스템'에 모아두었지

분쟁조정국은 금융분쟁정보시스템을 구축하여 그동안의 경험과 노하우를 쉽게 사용할 수 있게 하였고, 이로써 민원 처리가 빠르고 간편해졌다.

선순환구조를 만들다

만, 실제 업무에 활용하기가 쉽지 않았다. 자료가 개별 파일 형태로 보관되어 있어 필요한 정보를 찾기 위해서는 일일이 파일을 열어보아야 했다. 검색어(keyword)로 조회하는 기능이 없기 때문이었다.

신입 직원의 경우, 담당한 분쟁사건과 유사한 조정례나 판결례를 찾고자 과거 15년치의 판결례 파일을 모두 모두 열어놓고 일일이 수작업으로 검색(Ctrl+F)를 이용하여 검색하기 일쑤였다. 이런 상황에서 원하는 단어만 입력하면 다양한 정보가 일괄 조회되는 시스템을 만들자는 취지는 좋았으나, 실제로 시스템을 구현하는 과정은 결코 쉬운 일이 아니었다. 구체적인 시스템 구현 방법에 대해 수차례 열띤 토론이 이어졌다.

검색 방법을 비롯하여 검색 결과, 유형 분류 방식 등 실제 시스템을 구현하기 위해 고민하는 지난한 과정을 거쳐서, 우선 일차적으로 2007년부터 2009년까지 3년 동안의 조정결정례, 판결례, 자문례에 대해 금융분쟁정보 시스템을 구축하기로 하였다. 조정결정례와 판결례 각 부분을 하나의 파일로 저장하여 제목과 요지를 작성하고 유형을 분류하는 작업이 시작되었다. 절대 만만치 않은 이 작업은 팀원들이 각각 맡고 있던 고유 업무를 수행하면서 추가적인 업무가 되었기에 더 어려운 작업이었다. 그러나 팀원들 모두 불평 하나 없이 1,300개에 이르는 파일을 일일이 다른 이름으로 저장하고 분류하는 작업을 하였다.

"우와~!"

키워드를 입력하여 조회 결과 화면이 뜨는 순간, 팀원들 입에서는 저절로 탄성이 터져 나왔다.

비록 3년 동안의 분쟁관련 정보에 불과한 내용으로 아직 완성된 것은 아니지만, 분쟁 조정 업무의 신뢰성과 전문성을 좀 더 높이겠다는 변화의 의지가 실제 결과물로 실현된 순간을 경험하는 일은 변화의 시작을 열었다

금융정보시스템(FDIS)의 데이터는 매해 업데이트되고 있다.

는 자부심으로 이어졌다.

　이 시스템은 2011년 분쟁조정국 업무 계획에도 반영하여 변화의 결실을 맺을 수 있도록 하였다. 시험적으로 구축한 3년간의 정보 이외에도 금감원 통합 이후 축적된 모든 정보를 집적하도록 계획한 것인데, 이 시스템이 완성되면 금융소비자와 분쟁조정국 직원 모두에게 실질적 도움이 될 것이다. 또한, 앞으로 이 시스템을 금융소비자와 금융회사 모두에 공개하여 공유한다면 금융소비자는 자신의 권리 주장에 필요한 다양한 정보를 손쉽게 얻을 수 있고, 금융회사와 금융소비자 사이의 오해에서 비롯되는 불필요한 민원 발생도 줄어들 것으로 기대된다.

　장애물이 변화의 기회가 되고, 변화를 체감할 수 있는 계기가 되었다.

선순환구조를 만들다

감사(監査)에서 감사(感謝)로

어느 조직이나 나름의 애로가 있겠지만, 금감원 직원들은 민원이나 분쟁을 해결하는 과정에서 때로는 오해를 받는가 하면, 심지어 폭력적 환경에 놓이기도 하는 등 애환이 크다. 그렇다고 누구에게 하소연할 수도 없는 일이었다. 자칫 대외적으로 더 큰 오해나 질타를 받을까 두려운 마음도 있었다.

감사실은 금융감독원 업무에 대한 내부 감찰 활동을 수행하면서 금감원 직원의 애환을 국민과 진솔하게 공유함으로써 상호 간의 이해도를 높일 방안을 고민하였다. 《금융감독원 업무 수행 사례집》을 발간하자는 기획이 출발하게 된 배경이었다. 감사를 비롯한 감사실 담당자들이 2009년 4월 초부터 실무 작업에 들어갔다.

책자의 형식은 국민에게 금융감독원을 소개하는 목적에 맞고, 직원들의 생각을 오롯이 담을 수 있도록 규정집이나 편람 형식의 정형화된 형식이 아닌 감성적 표현방식인 일러스트를 적극 활용한 책자 형태로 정하였다. 책의 형태를 정하고 나니 미지의 탐험이 시작되었다. 감사실 직원들은 법규나 규정집 발간에는 어느 정도 경험이 있었지만, 일러스트를 활용한 책자 발간에는 초보나 다름없었기 때문이다. 자료를 추리고 원고 작성부터 편집·인쇄·배포까지 갈 길은 멀었지만, 초보자로서 한 단계 한 단계 배우는 마음으로 차근차근 진행하기로 하였다.

책의 가장 기본이 되는 원고에는 감사실 직원들이 그동안 감사 업무를 수행하면서 느낀 점을 작성하는 것 뿐만 아니라, 금감원 전 직원들이 업무 수행 과정에서 느낀 고충이나 애환, 모범 사례, 우리 업무와 밀접한 사람들이 바라보는 금감원의 모습 등 구체적 사례를 실제 예시와 함께 요

금감원의 의의와 역할, 주요 활동활동상을 국민들이 이해하기 쉽도록
《금융감독원 업무 수행 사례집》을 발간하였다.

청하여 담기로 하였다.

원고 사례가 수집된 이후에 관련 부서 팀장과 감사실 국장 등이 참여하는 편집위원회를 구성하여 사례집에 대한 편집 방향을 결정하면서 꾸준히 실무작업을 진행해 나갔다. 테마는 '내부감사 및 업무 수행 모범 사례, 금감원 직원들의 업무 수행 고충 및 애환, 외부 인사들이 바라본 금감원' 등으로 구성하기로 확정하였다. 수집된 사례 37건에 대한 편집위원회의 검토를 거쳐 총 22건을 수록 대상 사례로 정하고, 민원인의 친절 제보 및 감사 편지 4건을 추가로 선정하였다.

'서민에게 퍼져 나가는 희망홀씨', '잠자는 소비자의 권리를 깨우다!', '각양각색의 민원인들', '중소기업의 막힌 손을 풀어주는 해결사', '억울하게 낸 보험료, 돌려 드립니다', '민원인 감사편지' 및 '금융감독원, 이렇게 달라지고 있습니다.' 등 제목만 봐도 흥미를 끄는 사례들이 취합되었다.

원고 작성을 마치고, 인쇄를 위해 몇 군데 업체와 수차례 연락하면서 편집 방향에 맞는 방안을 제시한 업체를 찾아 최종 편집업체를 선정하기

선순환구조를 만들다

까지 봄과 여름, 가을이 지나고 11월 중순 겨울을 앞두고 결실을 보게 되었다. 표지를 포함해 총 120여 페이지에 이르는 책자의 최종 교정을 마치고 1,000부를 인쇄하여 각 부서와 외부 관련기관에 배포하였다.

다행히 반응이 좋아 추가 인쇄를 하고, 금감원 지원 배포 및 금융교육 때에도 활용하고 있다. 금감원 홈페이지를 통해서도 책자를 공개하여 누적 다운로드 횟수가 1,700여 회에 이르는 등 현재도 꾸준한 사랑을 받고 있다.

진솔한 마음으로 고객과의 소통 및 이해 제고를 위한 창의적 접근이 가져 온 확산 효과를 경험하면서, 이번에는 금감원 내에서 감사실에 대한 인식 개선 및 이미지 제고 노력을 전개해 보자는 제안이 나왔다. 감사실 업무가 금감원 업무 활동에 대한 내부 감찰이 주를 이루다 보니, 조직 내에서도 감사실은 마주하고 싶지 않은 대상, 접촉하고 싶지 않은 사람들이었다.

진정한 변화를 위해서는 우리 내부에서의 벽을 허무는 일이 반드시 필요하다는 공감대에 따라, 직원들의 막연한 두려움을 없애고자 감사실 업무를 상세하고 친절하게 안내해 주기 위한 책자를 발간하기로 하였다. 금융감독원 업무 수행 사례집 발간을 통해 변화를 체감하고 자신감을 얻은 배경도 있었지만, 언제나 쉽게 감사실의 업무를 확인하려면 옆에 두고 수시로 꺼내 읽을 책자가 적합하다는 현실적인 판단 때문이었다.

《감사실 업무 종합안내》라는 이름의 책자 발간 목표는 현재 수행 중인 업무 관련 절차를 중심으로, 금감원의 감사 제도 및 관련 규정과 기타 제도사항 등을 알기 쉽게 정리하는 것으로 기획하였다. 책의 내용은 감사실의 일반 업무와 직원들이 궁금해하는 준수사항, 관련 법규 및 관련 전산시스템 활용 방법 등을 담기로 하였다. 원고는 감사실 전 직원이 각자 담

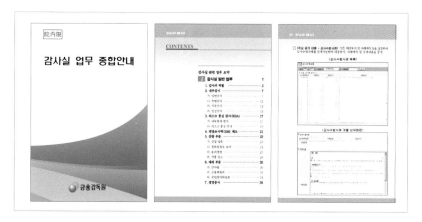

내부 직원들의 막연한 두려움을 없애고 업무에 책임감을 가질 수 있도록 돕기 위해서
감사실은 《감사실 업무 종합안내》를 발간하여 배포하였다.

당하는 업무를 작성하기로 하였다. 본연의 업무만으로도 벅찬 상황에서
모든 직원이 열정적으로 원고를 작성하였다. 취합된 원고는 일반 감사,
일상 감사 등의 내부 감사 업무, 리스크 중심 감사 및 전담 검사역 제도,
감찰 부문에 대한 원고 등 총 3개 대분류, 11개 중분류로 나눴다.

편집이 거듭되는 가운데 다시 계절이 몇 번 바뀌었고, 2010년 6월 마침
내 책자 발간을 마치고 각 부서에 배포할 수 있게 되었다.

두 차례의 책자 발간은 감사실 직원들에게 변화의 불씨를 당겼다. 금감
원과 감사실의 실제 모습과 업무를 친근한 방식으로 소개하는 것만으로
는 부족하다는 판단이 들어 여러 가지 제도 개선을 위한 검토가 이루어
졌고, 많은 부분을 수정하였다.

각 부서에 대한 전담 검사역(RM) 제도의 활성화를 통하여 각 팀원이
담당하는 부서에 대한 상시 모니터링을 강화하고 실제 내부 감사 때에는
리스크가 큰 분야에 대해서만 감사 역량을 집중하여 해당 부서의 수감
업무에 대한 부담을 줄일 수 있도록 하였다. 그동안 위규 사례 발굴 등 지

선순환구조를 만들다

적 위주로 이루어지고 있던 감사 방식에 대해서도 컨설팅 위주의 감사 체제로의 변환을 통하여 과거와 현재보다는 미래의 모습에 중점을 두고 부서에 대하여도 '권고'를 많이 실시하였다.

직원들이 전산시스템을 사용하여 감사 관련 업무를 처리할 때 스스로 선제 점검을 할 수 있도록 감사 관련 시스템도 변경하였다. 일상 감사 대상에 대한 명확한 안내 및 사후 공람 제도에 대한 확인 기능을 추가하는 등 직원 스스로 자발적으로 규정 위반 소지를 없앨 수 있게 된 것이다. 또 감사 때 활용하는 내부 전산시스템 계정 발급 및 권한 부여 등의 절차도 감사실에서 직접 관련 부서의 합의를 거쳐 의뢰하는 방식으로 전환하여 직원들의 업무 편의성을 높일 수 있게 하였다.

감독하고 검사하는 딱딱한 업무에 외부 고객뿐만 아니라 직원도 내부 고객이라는 인식 전환의 온기를 입히니, 감사(監査)에서 감사(感謝)로의 전환이라는 모토가 먼 구호가 아니라 눈에 보이는 변화로 자리하게 된 것이다.

변화의 트라이앵글

말하자마자 행동하는 사람,
그것이 가치 있는 사람이다.
- 엔니우스

생각을 바꾸면 변화가 따라온다

매주 수·금요일 오후 5시, 금감원 9층 회의실에 가면 은행업서비스본부·기재단 소속 직원들을 만날 수 있다. 2010년 5월부터 본부 자체적으로 실시하는 '은행법규 및 은행회계 세미나'를 듣고자 모인 것이다. 금감원 차원에서 실시하는 은행법규 및 회계 관련 연수도 있지만, 본부의 특성에 맞게 본부 차원에서 기획하고 마련한 자리이다.

바쁜 업무 탓에 회사 내에서 만나기 어려운 직장 동료를 여기 오면 한데 볼 수 있다. 그간 있었던 일들을 얘기하며 왁자지껄하던 회의장 장내도 세미나가 시작되면 배움에 대한 열정으로 순식간에 바뀐다. 금감원 직원들의 학습욕구가 높다고 하지만 이곳의 분위기는 각별하다.

선순환구조를 만들다

지금까지 은행업서비스본부·기재단 소속 직원들은 업무 수행 과정에서 필요한 은행법규와 은행회계 관련 실무지식을 입사, 승급 관련 연수 내지는 전임자와 선배로부터 업무처리 과정에서 자연스럽게 채워왔다. 그러나 관련 지식이 워낙 방대하여 담당자들은 전문성에 대해 늘 허기를 느끼고 있었다.

본부장은 이를 해결하기 위해 세미나를 기획하면서, 초임자나 전입 직원에 국한하지 않고 관심 있는 본부 소속 직원들이 자유롭게 참석할 수 있도록 하여 선후배 간의 노하우가 전수될 수 있는 학습의 장을 만들고자 하였다. 강사는 은행법규 및 은행회계에 정통한 직원들로 선정되었고, 자체적으로 마련한 강의 자료를 토대로 직원들에게 꼭 필요한 내용을 중심으로 커리큘럼을 구성하였다.

아무리 업무 관련 체감도가 높은 강의이지만, 일주일에 두 번 세미나를 지속한다는 것은 수강 직원들에게도 강사에게도 큰 부담이었다. 바쁜 업무로 참석률이 저조할 것이라는 우려도 있었다. 그러나 필요에 의해 기획된 배움의 자리는 열기로 가득하였다.

"감독법규를 정확하게 해석하고 적용하려면 현재의 조문 내용도 중요하지만 동 법규가 만들어진 제정 취지를 이해하는 것이 필요한데 이번 세미나를 통해서 오랜 경험이 있는 분들에게서 생생한 제정 배경에 대해 듣게 되어 이해도가 훨씬 높아지는 계기가 되었습니다."

은행서비스총괄국 류지성 선임의 말처럼, 직원들은 높은 호응과 만족도를 보였다.

업무에 정통한 강사들의 구수한 입담과 함께 수시로 개정·변경되는 제도들에 대한 설명, 실무적으로 유용한 정보가 제공되었기 때문이다. 세미나가 끝나고 나서는 매회 강의 자료를 '함께 읽는 게시판'에 올려 금감

은행법규 세미나에 참석한 직원들이 열심히 특강을 듣고 있다.

원 전체 직원들과도 공유하였다.

바쁜 와중에도 강의 자료를 직접 만들면서 공을 들인 강사들도 보람을 느꼈다. 매회 평균 70~80%의 참석률을 보이며 5월부터 연말까지 은행법규 17회, 은행회계 14회 등 총 31회의 세미나가 개최되었다. 현안 업무, 검사 및 출장 등으로 참석이 어려운 상황에서 놀라운 참석 열기를 보인 것이다. 이런 점들이 반영되어 은행업서비스본부·기재단의 세미나는 2010년 금감원의 변화촉진 우수 사례로 선정된 바 있으며, 어느덧 은행업서비스본부·기재단의 대표적인 조직문화와 전통으로 자리하고 있다.

앞으로도 세미나를 꾸준히 개최하고, 강의 자료도 보완할 계획이다. 은행법규와 은행회계뿐만 아니라 바젤Ⅲ 등 은행 부문의 주요 현안 사항에 대해서도 특강 형식으로 개최하자는 직원들의 건의를 반영하여 세미나 내용을 확대하는 방안도 고려하고 있다.

선순환구조를 만들다

무엇보다 세미나를 통해 직원들이 변화혁신에 대한 철학과 공감대를 누릴 수 있었다는 점이 큰 수확이다. 초창기 변화는 두렵고 불편한 것, 기존의 것을 모두 버리고, 무언가 새로운 것을 추구하는 것으로 생각하였지만, 변화의 과정에 동참하고 변화의 결실을 일궈내면서 변화에 대한 확신이 서고, 기본 업무에 지속적으로 관심과 애정을 갖고 추진해 나갈 때 자연스럽게 따라오는 것이라는 점을 공유하게 된 것이다.

'외은지점 준법감시인 간담회'도 변화의 효과를 깨닫게 한 큰 경험이었다. 예전 관행에서 탈피해 '고객 중심 마인드'라는 비전을 고려하여 업무를 수행하다 보니 변화가 힘들거나 귀찮은 일이 아니고 예상을 넘어선 큰 선물을 안겨준다는 것을 깨닫게 되었다.

매년 연말에는 검사 결과 지적 사례를 설명하고 외은지점의 애로사항을 청취하기 위하여 외은지점 준법감시인 간담회를 개최하는데, 2010년 준법감시인 간담회를 준비하면서 과거 사례를 분석한 결과 몇 가지 개선점을 발견하였다. 2008년 하반기부터 4번의 간담회를 개최하였으나, 모든 외은지점 준법감시인을 강당으로 초청하여 당부사항을 전달하는 방식은 외은지점에 맞는 특화된 서비스를 제공하지 못했다는 문제점을 발견하게 된 것이다. 국내에 진출해 있는 37개 외은지점은 영업 규모도 영업 행태도 모두 달랐다. 미국과 유럽계 외은지점은 규모가 컸고 외환·파생 업무가 주력 업무였다. 아시아계 은행은 기업 대출 업무를 많이 취급하고 있었고 소형 은행들은 국내에 있는 본국 근로자들의 송금업무를 주로 취급하고 있었다. 이런 특성 때문에 외은지점별로 관심사항이 달랐고 검사 때 지적되는 사례도 달랐다. 모든 준법감시인을 상대로 당부사항을 전달하는 방식으로 진행하던 과거 간담회들이 그 취지를 제대로 살리지 못한 것도 여기에 기인하였다.

이에 따라 2011년부터는 외은지점에 실질적으로 도움이 되는 고객 중심으로 간담회를 개최하자고 뜻을 모았다. 논의 결과 업무 그룹별로 간담회를 개최하기로 했고 서로 격의 없이 고충을 털어놓고 이야기할 수 있도록 저녁도 함께하기로 하였다. 외은지점을 IB, 기업금융, 기타그룹으로 분류하고 3일에 걸쳐 간담회를 실시했다. IB 그룹은 파생상품 위반 사례를 중심으로 설명하고 기업금융 그룹은 신용공여한도 등 대출 관련 위규 사례를 위주로, 기타 그룹에 대해서는 금융실명제 위반 및 외국환법규 위반 사례를 위주로 설명하였다. 간담회를 마치고 인근 식당에서 참석자들과 함께 간단한 술자리를 겸한 저녁 식사를 하였다.

감독기관으로부터 술과 밥을 대접받다니 놀랍다는 소리가 여기저기서 들렸고 진솔하게 애로사항을 들을 수 있었다. 맞춤식 강연과 저녁 식사 대접 등은 수고스러웠지만, 보람은 비교할 수 없이 컸다. 금감원의 변화된 모습을 보여주면서, 많은 준법감시인이 감사를 표했다.

변화의 꿀맛을 본 본부는 또 다른 시도를 준비하였다. 외은지점장을 상대로도 간담회를 개최하기로 한 것이다. 외은지점은 자본유출입 변동성 증가에 큰 영향을 미쳤고, 정부는 이런 변동성을 완화하기 위해 자본유출입 규제를 도입했던 시기인지라 서로 간 이해와 대화가 어느 때보다 필요한 때였다.

우선, 외은지점장들이 매월 모임을 하는 것에 착안하여 2011년 1월 모임에 참석하였다. 지점장과 준법감시인 등 50여 명이 모인 자리, 금감원이 참석한다는 얘기에 외은지점장 모임 이래 가장 많은 참석자가 모였다고 한다. 외은지점장들이 가장 궁금해하는 검사 계획과 자본 유출입 규제 도입 방향에 대해 설명하고 질의 응답 시간도 마련하였다. 외은지점장 모두 금감원이 먼저 나서서 현안 이슈에 대해 설명해 주는 것에 대해 많이

선순환구조를 만들다

놀라워하고 감사를 표시하였다.

이 과정을 통해 변화의 실체를 마주할 수 있었다. 흔히 변화혁신이라고 하면서 어떤 제도를 바꾸는 등의 거창한 것만을 이야기하는 경우, 눈에 보이지 않고 체감하기 어려워 변화를 선도해야 할 주체들의 동참을 이끌어내기 어렵다. 고객 입장에서 생각해 보는 것만으로 이미 변화가 시작되었다. 고객을 위해 우리 금감원이 무엇을 해야 할지에 대한 고민에서 변화과제를 찾아 나간다면 그것이 곧 가치를 창조하는 일이자 스스로 변화하는 일이라는 것을 팀원 모두 체감하게 된 것이다.

거문고의 줄을 바꾸어 매듯이

금융회사를 감독하고 위규사항을 적발·제재하는 업무 특성상 따라붙는, '금감원 직원들은 권위적·고압적'이라는 오해는 잘라도 자라나는 번행초(蕃杏草) 같은 것이었다. 이러한 오해를 극복하기 위한 다양한 노력을 시도하였지만, 여전한 지적 앞에서 힘을 잃기도 하였다.

그러나 해현경장(解弦更張)의 자세로, 마음을 추슬러 고객에게 먼저 다가가니 많은 것이 바뀌었다. '금융감독 업무설명회'는 바로 그 대표적 체험 사례다. 금감원 설립 이후부터 금융 현안에 대한 이슈 설명회 또는 금융회사와의 간담회를 수시로 개최하는 등 시장과의 소통 노력을 계속해 왔던 것을 획기적으로 강화하기 위해 간부들이 직접 금융 현장에 찾아가서 업무 추진 방향을 설명하는 자리이다.

2010년 1월, 첫 번째 업무설명회가 은행연합회 국제회의실에서 개최

금융감독 업무설명회에 참석한 관련자들이 강사의 설명에 귀를 기울이고 있다.
감독과 규제기관을 넘어 상생의 서비스기관이 되기 위한 노력의 일환이다.

되었다. 금융회사 직원, 교수, 기자 등 500명이 넘는 인원이 참석한 가운데 성황리에 개최되었지만, 모든 금융권 관계자들이 한자리에 모이는 자리라 장소와 시간에 제약이 있었던 탓에 심도 있는 논의가 이루어지지는 못하였다. 금융회사 직원들이 관심도가 떨어지는 타 권역 관련 내용을 듣는 과정에서 비효율도 있었다.

이에 따라 2011년에는 금융 권역별로 다른 장소에서 업무설명회를 개최하는 것으로 방식을 바꾸었다. 전년도와 달리 네 곳에서 업무설명회를 개최하려면 장소 섭외, 참석자 선정, 발표 자료 작성 등 준비에 더 많은 인력과 예산이 필요했다. 하지만, 금감원 내 금융 업종별 담당자들이 적극적으로 동참하면서 권역별 특성에 맞게 체계적으로 준비할 수 있었다.

준비 과정에서 고민스러웠던 점은 원장의 인사말이었다. 2010년에는 같은 장소에서 열려 원장이 직접 참석자들에게 감사 말씀을 전하고 금감원의 업무 추진 기본 방향을 간략히 전달할 수 있었다. 그러나 2011년에

선순환구조를 만들다

는 장소가 네 곳으로 분산되어 어느 한 곳에만 참석할 수도 그렇다고 네 곳 모두 참석할 수도 없는 일이었다.

담당자들의 회의가 이어졌고, 여러 방안을 모색하던 중 원장 인사말을 동영상으로 촬영하여 네 곳에서 상영하자는 대책이 나왔다. 예전 같으면 차별한다는 우려 때문에 참석하지 않는 쪽으로 결론났을지도 모를 일이었다. 그간 본부별로 변화과제를 발굴하고 실행하면서 조직문화도 많이 바뀌었고, 문제에 대한 접근방식도 크게 달라졌는데, 동영상 촬영안은 변화 UCC 공모, 도시락 창조교실 Live 등을 통해 이미 금감원 내에서 이미 친숙한 커뮤니케이션 방법이었다.

홍보팀의 지원으로 9층 접견실에서 원장 인사말 동영상을 촬영하였다. TV방송국에서 사용하는 거창한 장비는 아니었지만, 고객들에게 전하는 진솔한 메시지를 담고자 원장과 참여자 모두 온 정성을 쏟았다.

업무설명회 개최를 열흘 정도 앞두고 참석 대상자에게 이메일로 초청장을 보냈다. 우편으로 직접 발송할 수도 있지만, 제작 및 발송 비용이나 최근 경향을 고려할 때 이메일로 대신하기로 하였지만, 회신율이 낮지 않을까 우려도 있었다. 다행히 많은 사람이 답장을 보내는 등 관심을 표명하면서, 두 번째 금융감독 업무설명회가 차질 없이 준비되고 있었다.

예상 참석인원은 금융업종별로 약 250여 명, 모두 약 1,000명 정도였다. 언론의 관심은 저조할 것이라는 예측과는 달리 설명회 전날, 공보실로부터 권역별로 20여 명의 기자들이 참석할 것이라는 전달을 받고 두 번째 설명회도 성공할 것이라는 기대도 높아졌다. 네 곳의 회의장을 준비하던 담당자들에게 기자들에게 필요한 랜선, 노트북 테이블 등을 충분히 마련할 것을 전달하는 등 막바지 준비에 최선을 기울였다.

전략경영지원본부 담당자들은 모든 준비가 완료되었음에도 혹시 미비

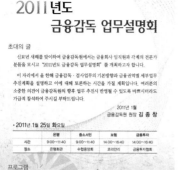

금감원은 2010년부터 금융 현장에 간부들을 파견하여 업무설명회를 개최하고 있다. 사진은 이메일로 발송된 2011년 금융감독 업무설명회 초청장.

한 점은 없는지, 참석하겠다고 하고 막상 안 오는 것은 아닌지 등 새로운 방식으로 준비하는 설명회를 앞두고 호기심과 우려로 회의 당일까지 긴장을 늦출 수 없었다. 그러나 새로운 시도는 열렬한 호응으로 화답하였다. 1월 25일, 네 곳의 설명회 모두 자리가 부족할 정도로 많은 분이 참석하였다. 발표 내용에 대해서도 열띤 토론이 이루어졌다. 또한, 많은 기자가 참석하여 금감원 업무 계획에 대한 다양한 보도가 이어졌다.

업무설명회를 시작한 지 이제 겨우 2년이다. 막 걸음을 내디딘 새내기이지만 금감원 출범 이후 지속하여 온 금융권 접촉 방식을 과감히 바꾸어, 매회 새로운 시도와 접근으로 생각을 달리하니 가야 할 길이 보인다.

감독자로서 자칫 느슨해지기 쉬운 금융시장과 고객에게 먼저 다가가는 노력을 지속한다면, 시장에서도 변화 노력을 공감하고 금융시장 발전을 위해 함께하는 선순환구조를 이뤄낼 수 있을 것이라는 기대감에 가슴이 설렌다.

선순환구조를 만들다

영국계 컨설팅회사 Z/Yen그룹은 매년 3월과 9월, 금융 중심지로서의 국제 경쟁력과 인지도를 종합적으로 평가하여 '국제금융도시지수(GFCI)'를 발표한다. 서울의 GFCI 순위는 2009년 3월 53위에서 2010년 9월 24위로, 약 1년 6개월 만에 무려 29계단이나 상승했다. 또한 '수년 내 기업들이 해외지사를 설립할 때 우선 검토해야 할 6개 도시' 및 '발전이 기대되는 5대 금융 중심지'에도 포함되었다. 우리나라가 동북아 금융 중심지로 한 걸음씩 부상하는 것이다.

이러한 변화는 금감원의 고객을 국내 시장 참여자뿐만 아니라, 해외 참여예정자로 확대해야 한다는 의미이기도 하다.

금감원에는 금융중심지법에 따라 2008년 9월 금융중심지지원센터가 설치되었다. 그러나 생경한 업무이고 새로운 출발이다 보니 직원들 사이에서도 지원센터가 어떤 일을 하는 곳인지에 대한 궁금증이 있었다. 외부의 지인이라도 만나게 되면 생소하고 긴 부서 이름에 대해, 업무에 대해 작정하고 차근차근 설명해야 하는 경우도 빈번하였다.

사실 지원센터가 하는 일은 금융감독원이 수행하는 일반적인 업무와는 다소 차이가 있다. 주된 업무는 우리나라 금융 중심지 조성을 위한 외국계 금융회사의 국내 진입 지원, 국내 금융회사의 해외 진출 지원, 국내외 금융회사의 경영 환경 개선에 관한 사항 처리 등이다. 대내외 기관과의 원활한 업무 협조가 무엇보다도 필수적이다. 국내외 금융회사를 관리·감독하는 '감독자'인 금감원의 다른 부서와는 달리, 지원센터는 금융회사가 국내외에서 성공적인 영업 활동을 영위할 수 있도록 적극 지원하는 '조력자'인 것이다.

이러한 업무 성격상 지원센터와 금융회사 간의 관계는 수평적인 파트너 관계이며, 금융회사는 필요한 경우 언제든지 지원센터에 업무 협조를 요청할 수 있도록 서로 유기적인 관계를 유지하고 있다. 지원센터가 〈FSS SPEAKS〉 등 각종 포럼이나 세미나, 해외 IR 등 다양한 행사를 개최하고 우리의 금융 중심지 조성 정책을 홍보하는 것도 이러한 맥락에서다.

업무 특성에 따라 인력 구성도 독특하다. 26명 직원 중 12명이 금융회사 수견직원과 통역을 담당하는 전문사무보조원이다. 금감원 직원과 수견직원 등이 하나의 팀을 이루어 업무를 수행하는 것은 현장의 전문성과 감독규제 관련 전문성이라는 양측의 장점을 충분히 활용하기 위해서다.

아울러 감독자가 아닌 금융 서비스 수요자의 시각에서 각종 애로·건의사항을 바라보고 개선해 나가는 부가적인 효과도 있다. 금융회사와 지원센터의 유기적인 업무협조, 고객 중심의 업무 수행은 지원센터의 태생적인 특성이다.

이렇게 금융회사를 고객으로 여기고 성공적인 고객서비스를 제공한 대표적인 사례로 〈FSS SPEAKS〉와 〈Job Fair〉가 있다. 〈FSS SPEAKS〉는 국내 영업 중인 외국계 금융사와 국제 신용평가사, 외신기자 등 외국계 시장참가자를 대상으로 금감원의 감독 방향을 설명하고 주요 현안 사항을 논의하기 위해 2009년 6월 처음 개최하였으며, 외국계 시장 참가자들의 높은 관심과 지속적인 개최 요청에 따라 이후 매년 개최하고 있다. 철저히 외국인 시장참가자의 눈높이에 맞추고자 모든 프로그램은 영어로 진행하며, 금감원의 임원이나 간부 직원들이 직접 금감원의 주요 업무와 감독 방향을 설명하고 그 자리에서 경영상 애로·건의사항을 허심탄회하게 청취하고 논의하는 자리이다. 이에 따라 〈FSS SPEAKS〉는 현재 감독당국과 외국계 시장 참가자들의 대표적인 소통의 장이 되고 있다.

선순환구조를 만들다

국내에 진출한 외국계 금융회사들을 상대로 금감원은
매년 〈FSS SPEAKS〉라는 설명회를 개최하고 있다.

　　많은 외국계 금융사의 긍정적 평가처럼, 그동안 부족했던 감독 당국과
시장참여자 간 실질적인 양방향 커뮤니케이션 기회로 활용되고 있는 것
이다. 〈Job Fair〉는 우리나라가 동북아 금융 중심지가 되려면 해외 금
융 전문 인력의 국내 유치가 최우선이라는 데 착안하여 지원 센터가

주관하여 국내 유수 금융회사들과 함께 2010년 9월 미국에서 처음으로 개최하였다. 행사 기획 단계에서는 금융회사의 자체적인 인력 채용을 금융감독원이 나서서 할 필요성이 있는지에 대해 회의적인 시각도 있었다. 그러나 해외에서 선진 금융 기법을 공부하고 전문성을 쌓은 우수 인력을 유치하는 것은 단순한 인력 채용을 넘어서 우리나라의 금융 경쟁력을 한 단계 끌어올리고 인적 인프라를 확충하는 것이며, 잠재적인 대고객 서비스라는 데 의견 일치를 보았다.

준비 과정의 가장 큰 어려움은 국내 금융회사들에 '지원받는다'라는 정서적 공감을 얻어내는 것이었다. 금감원은 규제기관이라는 생각에, 금융회사들이 실제 채용 수요가 있어도 정확한 규모나 시기를 밝히지 않았다. 또한, 국내 금융회사들은 해외 인력 채용을 위한 자체 채용 시스템과 데이터베이스를 가지고 있었기 때문에, 서로 자료를 공유하게 하는 것도 문제였다. 수차례의 회의와 긴밀한 협조, 이견조율을 통해 진정성을 확인하고 목표의식을 공유하면서 하나씩 해결해 나갔다.

〈Job Fair〉는 대성황을 이루고 성공적으로 마쳤다. 예상을 넘어 636명이나 참가함으로써, 이 가운데 전문 인력 80여 명이 최종 합격 통지를 받았다. 〈Job Fair〉에 대한 호평도 뒤를 이었다. 글로벌 네트워크 및 해외 전문 인력 채용 경험이 부족한 금융회사에는 우수 인력을 채용할 좋은 기회를, 지원자에게는 다수 금융회사의 채용 정보를 습득하고 다양한 인터뷰 기회가 동시에 제공되었다는 평이었다.

그동안 기회가 없었을 뿐, 공급자도 수요자도 이러한 채용의 장이 마련되기를 참으로 바라고 있었던 것이다. 금감원 내부에서는 모두에게 절실한 '시장'이라는 공공재를 제공하는 것이야말로 진정한 고객 중심의 사고라는 것을 확신하게 되었다. 평소 금융회사의 어려움을 해결하기 위해

선순환구조를 만들다

금감원과 국내 금융회사들은 해외의 금융 전문 인력을 확보하기 위하여
〈2010 FSS Korean Finance Job Fair〉를 미국에서 열었다

노력하면서 유기적인 네트워크를 구축하고 신뢰를 쌓아왔던 것이 행사 성공의 단초였다. 지원센터는 앞으로도 〈Job Fair〉에 더욱 많은 금융회사가 참가하고 국내 유치뿐만 아니라 현지 인력 채용까지 범위를 넓히고 연례화할 예정이다.

2010년 11월에 개최하였던 해외 IR 행사 〈2010 Financial Hub Seoul / Busan Conference〉도 잊지 못할 변화의 체험이다. 몇 개월 동안 밤낮을 잊고 준비하였던 행사가 개최되기도 전에 무산될지도 모른다는 위기감이 팽배한 상황이었다. 우리나라 금융 중심지 개발 계획 등을 홍보하기 위해 서울시, 부산시와 공동으로 2009년부터 개최해 온 행사였고, 2010

년은 11월 25일과 12월 1일 글로벌 금융 중심지인 런던과 동경 현지의 많은 글로벌 금융회사를 초빙하여 각각 개최할 예정이었다.

그러나 11월 22일 발발한 북한의 연평도 포격 사태로 한반도의 군사적 긴장감이 고조되고 있었다. 대내외적으로 회의감이 가득했지만, 지원 센터를 총괄하는 김용환 수석부원장은 공동 개최자인 서울시와 부산시를 설득해 나갔다.

예정대로 강행된 행사는 우려를 말끔히 불식하고, 현지의 많은 글로벌 금융회사 임직원이 참석하여 성공적으로 막을 내렸다. 한반도의 군사적 긴장 고조 이후 개최된 최초의 국제행사에서 우리 경제의 안정성을 적극적으로 홍보하며 대응한 결과, 외국인의 불안감을 선제로 해소할 수 있었다. 이에 따라 국내 금융시장도 급속도로 안정을 찾았다. 참석했던 영국 주재 한국대사관도 IR의 모범 사례로 높이 평가하면서 외교통상부 등 정부 부처에 향후 유사한 해외 IR 시 참조하도록 권고하였다.

오는 6월이면 다시 IR이 개최된다. 또 어떤 돌발 상황이 발생할지 모를 일이지만, 지난 경험은 우리에게 위기는 언제 어느 곳에나 있지만 두려움에 머무르지 않고 당당하게 대처한다면 기회가 될 수 있다는 확신을 안겨주었다. 기존의 국내외 시장 참가자와 고객을 위한 다양한 변화 노력이 금감원 변화혁신의 한 축이라면 해외의 잠재 고객에게 다가가는 다양한 활동은 글로벌 시대를 선도하는 또 하나의 축이 되어줄 것이다. 지원 센터는 이러한 확신을 토대로 다시 6월을 준비하고 있다.

선순환구조를 만들다

글로벌 도약을 위한 준비, IFRS

우리나라는 1997년 외환위기 이전 감독기구가 기업회계기준을 직접 제정하였다. 외환위기 이후 회계 투명성 향상을 위해, 독립된 민간기구인 한국회계기준원을 설립(1999. 9)하여 회계기준 제정을 위탁하고, 기업회계기준 제정 시 '국제회계기준(IFRS, International Financial Reporting Standards)'의 내용을 대부분 수용하여 왔다. 그러나 국제 자본시장에서는 여전히 국제 회계기준과 다른 기준을 사용하는 나라로 분류되어 회계 투명성을 제대로 인정받지 못하는 것이 이른바 '코리아 디스카운트' 원인 중 하나로 지적되고 있었다.

이미 세계 경제가 블록화, 글로벌화하고 있는 상황에서 코리아 디스카운트의 원인 중 하나인 회계기준 미흡을 극복하여 회계 정보에 대한 대내외의 신뢰도를 높일 필요가 있었다. 또한, 자본시장이 글로벌화 됨에 따라 국제적으로 통일된 회계처리기준으로 개정할 필요가 과거 어느 때보다 높아지는 상황이었다. 이미 유럽국가연합(EU), 호주, 캐나다 등 2007년 당시 100여 개국이 국제회계기준을 수용하거나 수용 예정이었다. 우리나라도 국제회계기준 도입에 선제적으로 대응함으로써 글로벌 도약을 준비해야 하는 상황이었다.

2006년 2월에 금감원, 정부, 회계기준원, 업계, 학계 등은 국제회계기준 도입 준비단을 구성하고, 2007년 3월에 2011년 국제회계기준 전면 도입을 목표로 하는 로드맵을 공표하였다. 그러나 당시 우리나라는 국제회계기준에 대한 전문가가 많지 않았으며, 교육·참고 자료 등 관련 인프라가 부족하였다. 기업의 국제회계기준에 대한 이해와 관심도 낮은 상황이었다.

금감원은 2011년으로 예정된 국제회계기준 도입 일정을 준수하기 위하여 관계기관과 협력을 통해 로드맵의 세부 추진과제를 수립하였으며, 그 중 가장 시급한 과제 중 하나인 IFRS에 대한 교육·홍보 활동을 준비하였다. 우선 금감원의 제한된 인력으로 교육·홍보를 효과적으로 수행하기 위하여 기업과 회계법인 등을 위한 온라인 창구개설을 추진하였다. 국제회계기준 홈페이지(ifrs.fss.or.kr) 개설이 이루어진 배경이다. 2008년 5월 개설 후 현재까지 많은 방문자가 동 사이트를 통해서 IFRS에 대해 필요한 정보를 쉽고 빠르게 얻고 있으며, Q&A 코너를 통해서 IFRS에 대한 궁금증과 애로사항을 해결하는 데 잘 활용되고 있다. 또한, 상세한 설명이 필요한 사항에 대해서는 전화로 안내하고 있다.

또한 IFRS의 체계적인 준비를 지원하고 바뀌는 여러 가지 회계기준과 제도를 이해하기 쉽도록《국제회계기준의 이해와 도입준비》를 2008년 11월과 2009년 12월 발간하여 기업, 회계법인, 대학 등에 배포하였다. 이와 함께 2010년 12월에는 투자자 등 재무 정보 이용자들의 IFRS에 대한 이해와 활용을 돕고자,《알기 쉬운 국제회계기준》을 발간·배포하고 온라인을 통해서도 무료로 다운로드 받아 이용할 수 있도록 하였다.

IFRS 도입 초기에는 관련 제도가 완전히 정비되어 있지 않기 때문에 IFRS 조기 적용 기업으로서는 많은 부담과 불안감을 갖게 마련이다. 이

국제회계기준을 설명하기 위해 발간한
《국제회계기준의 이해와 도입준비》와 《알기 쉬운 국제회계기준》.

선순환구조를 만들다

에 금감원은 조기 적용 기업의 건의사항을 받아들여 동 기업과 감독기구, 회계기준원, 회계법인 등이 함께하는 'IFRS 조기 도입 자문 T/F'를 2008년 9월부터 운영해 오고 있다. 조기 적용 기업은 삼성전자, LG전자 등 61개사에 이르며 이들 기업의 도입 경험과 공시 사례는 후발 도입 기업의 좋은 참고 자료가 되고 있다.

금감원은 또 기업·회계법인 등의 IFRS 도입 준비 상황, 애로·건의사항을 파악하기 위해 주기적으로 설문 조사, 간담회 등을 실시하였다. 이를 통해 시장의 목소리를 들을 수 있었다. 대표적인 애로사항 중 하나는 기업들이 IFRS 도입 과정을 막연히 비용이 많이 들고 어려운 과정으로 인식하고 있다는 것이다. 금감원은 이를 해소하고자 회계법인과 공동으로 중소기업 2개사를 선정하여 현장 방문 등을 통해 IFRS 도입 비용과 도입 프로세스 등에 대한 실증 분석을 하였다. 실증 분석 결과 합리적인 수준의 도입 비용과 효율적인 도입 방법을 얻을 수 있었으며, 이를 교육 자료로 만들어 전국 순회 설명회 등을 통해 전파하였다.

이와 함께, 상장 중소기업의 독자적인 연결재무제표 작성 능력 배양과 이를 통한 도입 비용 절감을 위해 2009년 11월 'IFRS 연결재무제표 작성 실무' 설명회를 개최하였으며, 2010년 11월에는 기업들이 작성을 어려워하는 주석 공시 사항을 좀 더 쉽게 기재할 수 있도록 지원하기 위해 'IFRS 재무제표 주석 작성 및 공시 실무 설명회'를 개최하였다.

기업들의 IFRS 준비 상황을 파악하기 위하여 정기적으로 사업(분·반기)보고서의 사전 공시 사항 점검을 통하여 IFRS 도입에 착수하지 않은 기업을 파악하고, 이러한 기업을 중점적으로 지원하였다.

특히, 자금 및 인력이 부족한 중소기업들의 IFRS 도입 관련 어려움을 해결하기 위하여 희망하는 기업에 대해 금감원 직원이 직접 현장을 방문

국제회계기준 도입을 앞두고 IFRS 재무제표 주석 작성 및 공시 실무 설명회를 개최하였다.(2010. 11)

하여 관련 교육을 하고, 상담하는 서비스를 제공하였다. 그 결과 2009년 12월부터 2010년 9월까지 총 46개사를 방문하였다.

이러한 노력을 바탕으로 2011년에는 IFRS가 전면적으로 시행되고, 5월이면 모든 상장기업 및 금융회사(일부 제외)가 IFRS를 적용한 최초의 재무제표인 1분기 보고서를 공시하게 될 것이다.

IFRS 도입을 위한 이러한 노력은 금감원 변화혁신의 미래 지향적 한 축을 구축하는 길이자, 비전 체화의 과정이다. 기업 하기 좋은 환경과 시스템을 구축하고, 제도적 뒷받침이 부족하여 소외되는 일이 없게 하기 위한 고객 중심의 사고와 고도의 전문성을 구축하기 위한 필연적 절차이다. 변화하는 환경에 선제적으로 대응함으로써 고객의 신뢰를 향상시킬 수 있기 때문이다.

선순환구조를 만들다

변화에는 끝이 없다

달은 차면 기울고 만선은 닻을 내려야 하지만 우리는 다하지 못한 변화를 향한 노력을 중단할 수 없다. 때론 피로감을 느끼고 지치기도 하지만, '고객 중심의 사고, 고도의 전문성, 신뢰받는 금융감독'이라는 금감원의 3대 비전을 안고 금감원 사람들은 오늘도 한마음으로 끊임없는 변화의 내일을 기약한다.

고객은 우리의 힘

해야 할 것을 하라. 모든 것은 타인의 행복을 위해서,
동시에 특히 나의 행복을 위해서이다.

– 톨스토이

다시, 변화를 공언하다

비전 선포 후 1년, 숨 가쁘게 달려온 길은 고객을 향한 것이었다.
그 과정에서 총부채상환비율(DTI)이나 주택담보인정비율(LTV) 문제처
럼 때론 정부 부처와 의견을 달리하면서도 고객을 향한 걸음을 멈춘 적
은 없었다. 10년 만에 다시 찾아온 위기로 세계 5대 투자은행 중 세 곳이
쓰러지고 글로벌 금융시장은 공황상태에 빠지는 등 모두가 어려웠지만,
구조조정을 단행하고 서민금융 지원에 나선 것도 같은 맥락이었다.

위기 상황 속에서도 금융산업의 경쟁력 제고와 금융감독 선진화를 위한
노력으로 금융소비자 보호에 앞장선 데 대해 선진국의 호평도 이어졌다.

변화에는 끝이 없다

."구조조정 한국 방식이 옳다." - 〈월스트리트 저널〉

"한국이 세계 경기 회복의 신호" - 블룸버그 칼럼니스트 진단

자본시장통합법 시행에 따른 기업 공시 제도 설명회를 개최하고, 검사 아카데미를 강화하고, 금융범죄 근절을 위해 경찰청과 업무 협약을 맺고, 피상속인 금융 거래 원스톱 조회서비스를 시행하는 등의 업무 역시 금융위기 이후 고객을 보호하기 위한 일련의 조치였다.

2009년 9월 1일, 비전 선포 1주년 기념식은 추진 중인 고객 중심 업무를 되짚어 보고 고객이 매긴 엄중한 성적표의 의미를 되새기는 계기였다. 또한, 구체적으로 비전을 실천하기 위해 변화의 방향을 점검하는 기회이기도 하였다.

원장은 크게 여섯 가지 측면에서 금감원과 직원들이 좌표로 삼아야 할 변화의 방향을 제시하였다. 이는 고객의 신뢰를 더하기 위한 지침이자 금감원 구성원 간의 약속이었다.

> 첫째,
> 피감기관에 대한 인식 자체를 힘의 우열에 의한 '갑을' 관계에서 역할의 차이에 의한 '신사적 · 수평적' 관계로 변화시킬 것.
>
> 둘째,
> 국민에게 적극적으로 다가가는 자세로 금융감독 역량을 강화하기 위해 금융서비스 이용자 보호 업무를 획기적으로 개선하고, 국민 금융교육 활성화, 서민생활 안정지원, 증권 불공정거래 근절, 보험사기 예방, 기타 불법행위 근절 등 금융서비스 이용자 보호 및 시장질서 확립 방안을 적극적으로 마련할 것.

셋째,

우리나라 경제의 금융 부문을 선도하는 공공기관으로서 '노블레스 오블리주 (noblesse oblige)'를 이행하기 위해 공공기관 선진화를 적극 추진할 것.

넷째,

창조적인 사고와 접근 방법으로 '일하는 방식을 근본적으로 혁신'해 나갈 것.

다섯째,

피감기관과 국민에게서 제대로 신뢰받을 수 있도록 검사와 감독, 민원 등 금감원의 업무 전반에 걸쳐 객관적으로 평가받고, 이에 대한 근본적인 쇄신책을 추진할 것.

여섯째,

'보다 가치 있는 일로 보람과 긍지를 갖도록 금융감독 업무 수행 시 인식을 대전환'할 것

김종창 원장은 비전 선포 1주년 기념식을 맞아 크게 여섯 가지 측면에서 금감원과 직원들이 좌표로 삼아야 할 변화의 방향을 제시하였다.

달라진 성적표

고객을 생각하고 고객을 향한 발걸음을 지속하는 과정에서 비전 실현을 위한 노력의 성과가 나타났다. 금감원에 대한 고객의 인식이 긍정적으로 변하면서 업무에 대한 고객의 칭찬과 격려가 이어졌다.

우선 금융회사 고객들의 인식이 달라졌다. 금감원의 업무 관행에 대한

변화에는 끝이 없다

기존의 우려가 감사로 바뀌었다. 금감원의 주요 업무 중 하나인 금융회사에 대한 검사는 금융회사에 큰 부담일 수밖에 없다. 그동안 금감원의 검사를 앞둔 대다수 금융회사는 정기적으로 진행하는 종합 검사도 달갑지 않은 불청객으로 여겼다.

그러나 금감원 내부에서 지적사항 위주의 검사에서 검사 운영 체제의 개선, 검사서비스 품질 제고 로드맵의 지속적인 추진, 컨설팅 방식을 가미한 검사 실시 등 다양한 노력을 전개하자 외부 고객의 평가와 인식도 달라졌다.

2010년 하반기에 현대리서치연구소에서 금융회사 임직원 총 453명을 대상으로 벌인 '금융감독 검사서비스 만족도 조사 결과' 종합 만족도는 79.5점으로 2007년 하반기와 비교하면 11.0점이나 상승했다. 특히 검사 부문은 81.1점으로 만족도가 매우 높은 것으로 나타났다.

또한, 민원인의 만족도도 매년 상승하고 있다. 외부 전문조사기관인 현대리서치연구소는 민원 서비스에 대한 전반적인 만족도를 전화 설문 방

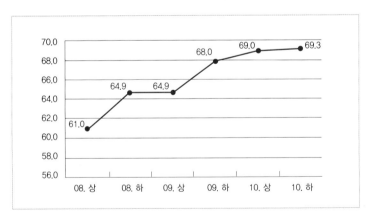

2008년 이후 민원서비스 만족도 조사 결과는 크게 좋아지고 있는 것으로 나타났다.
변화에 성공하고 있다는 지표다.

식으로 해마다 조사하고 있는데, 2010년 하반기에는 69.3점으로 2008년 상반기보다 8.3점 상승하였다.

우리나라에 진출한 상당수의 외국계 금융사들은 본국과는 다른 한국적 풍토나 문화를 낯설게 느낀다. 특히 정책 환경이나 규제 여건에 대해 불편함과 애로를 호소하는 예도 많다. 금감원에 대해서도 비슷한 인상을 받고 있던 외국은행지점장이 달라진 검사 풍토를 경험하고 감사 편지를 보내온 것이다.

"검사역 모든 분이 메트로은행의 취약점을 파악하고 이를 개선하기 위해 고민하는 모습을 보고 의외라는 느낌이 들었습니다. 검사를 받는다기보다는 컨설팅을 받는 기분이었습니다. 덕분에 저를 비롯한 저희 직원들은 모두 사고 예방과 리스크 관리의 중요성을 다시 인식하게 되었습니다."

또한, 금융회사를 고객으로 여기고 고객 중심의 서비스를 제공함으로써 긍정적인 평판을 이끌어냈던 〈FSS SPEAKS〉의 경우에도, 많은 외국계 금융사 임원들이 호의와 감사를 전달해 왔다. 금감원이 철저하게 외국인 시장 참가자의 눈높이에 맞추어 먼저 감독 방향을 설명하고 애로 및 건의사항을 청취했다는 점에 큰 점수를 주었다.

금감원이 중점 추진하는 금융교육에 대해서도 고객의 감사와 격려가 이어졌다.

"지난 한 주간 중학교 교사 금융연수를 받았습니다. 유난히 춥고 눈까지 내려서 한 주간 오고 가는 길이 만만치는 않았지만, 연수를 통해

변화에는 끝이 없다

얻어 가진 것을 생각하면 그 정도 추위나 눈 정도야 얼마든지……. 무엇보다 전문연수기관이 아니면서도 오직 금융교육에 대한 열정만으로 좋은 연수를 마련해 주시고 연수기간에 교사들의 불편을 최소화하기 위해 세심하게 배려해 주신 수고를 아끼지 않은 김년담 교육팀장님, 김찬훈 수석님, 허성욱 조사역님 등 실무자들께 감사드립니다. 금융교육의 필요성에 대해 공감하고, 여름방학 겨울방학 교사연수를 통해 학생들에 대한 금융교육을 확산시키고자 하는 뜨거운 열정에도 관련 예산의 축소나, 관심 및 지원부족을 염려하시던 모습을 생각하니 가슴이 먹먹해집니다. 농담처럼 건넨 '집이라도 팔아야겠다' 말씀이 그저 농담으로만 들리지 않습니다. 그만큼 금융교육에 대한 물적 지원환경이 열악하다는 의미겠지요. 이제 이번 연수에 참여하신 40분의 선생님들께서 전국 방방곡곡의 금융전도사가 되실 것입니다. 이번 연수를 통해 훌륭한 강사님들로부터 들은 알곡 같은 강의와 금융감독원에서 제공

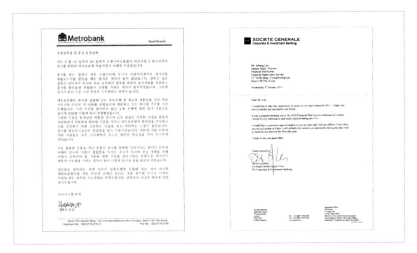

금감원은 고객을 '위한' 기관이 되고자 노력을 기울이고 있으며, 서서히 그런 위상을 획득하고 있다.
사진은 메트로은행(2010. 8)과 SG은행(2011. 1)이 금감원에 보내온 감사의 편지.

해 주신 좋은 학습콘텐츠를 잘 활용해서 금융감독원 금융교육팀의 수고가 좋은 열매로 돌아올 수 있도록 저도 노력하겠습니다. 다시 한 번 이번 연수의 계획과 진행을 위해 애써주신 금융감독원 교육팀에 감사하고 또 응원합니다. ^^"

2011년 1월 10일부터 14일까지 중학교 교사 금융 연수에 참여한 선생님의 격려 글 전문이다. 이 밖에도 많은 교사가 감사와 성원을 담은 다양한 후기를 보내왔다. 처음 교사 연수에 참여할 때만 해도 큰 기대는 하지 않았는데, 연수를 마치고 난 후로 금감원에 대한 이미지가 많이 달라졌다고들 하였다. 특히 금감원 직원들의 고객 마인드를 접하면서 그동안 금감원에 대한 부정적 이미지나 오해를 지울 수 있었다는 평이었다.

전화와 편지, 방문을 통해 고객들의 달라진 성적표를 확인하는 과정은 금감원 구성원 모두에게 자부심과 기쁨을 넘어 진정성을 갖고 한결같이 고객을 향한 변화추진에 더욱 매진해야 한다는 일깨움의 계기가 되었다.

가슴 절절한 사연들

외부 고객의 인식 변화는 바람에 날려 다니다가 땅에 내리면 싹이 나고 일주일 만에 꽃을 피우는 민들레 같았다. 기약 없이 바람에 날려 다니지만, 고객의 마음이라는 땅에 내리면 인정의 싹이 나고 박수라는 꽃을 피웠다. 대내외적인 논란 속에서도 고객에 대한 믿음으로 시작한 '희망홀씨대출'은 대표적인 사례였다.

변화에는 끝이 없다

"저는 다섯 살 난 딸아이를 키우는 싱글맘입니다. 남편의 알코올 중독으로 3년 전 이혼하였지만, 아이를 위해 같이 살다 1년 전 더는 버티기 어려워 홀로 서게 되었습니다.

이혼 후 남편, 아빠의 빈자리를 느낄 때면 우울한 생각에 눈물이 왈칵 쏟아지곤 하였습니다. 하지만 감정적·정신적 공허함보다 더 공포를 느끼게 하는 것은 바로 경제적인 어려움이었습니다. 그나마 있던 전세 보증금도 이혼 후 딸아이를 데리고 홀로서기 하는 과정에서 생활비로 모두 빠져나갔고, 그간 경제적 어려움으로 인해 누적되어 있던 카드론, 현금 서비스 등 매월 갚아나가야 하는 대금들도 만만치 않았습니다.

신용 불량자로 낙오되는 것을 막고자, 어렵게 가진 딸아이의 미래를 위해 열심히 일하면서 노력해 보았지만 130만원 남짓한 월급에 월세, 엄청난 이율의 카드론 및 현금 서비스 상환, 대출이자 등으로 매월 갚아야 하는 돈만 100만원이 훌쩍 넘었습니다. 저축은커녕 딸아이에게 책 한 권을 사줄 수 있는 형편도 안되었습니다. 이러한 생활이 반복되다 보니 카드빚은 돌려막기로 연장하고 있었고, 마이너스 통장 대출은 이미 한도를 다 쓴 상태였습니다.

그래도 사채만은 안된다, 포기하지 말자는 심정으로 추가 마이너스 대출을 조금 더 받을 수 있는지 문의하기 위해 회사 거래 은행을 찾았습니다. 업무상 매일매일 은행을 방문하는 저로서는 제 생활이 어렵다는 것을 밝히기 부끄러웠고, 행여나 소문날까 조심스러웠습니다. 그러나 용기를 내어 제 상황을 창구 직원에게 조심스레 꺼냈고, 이야기를 들은 창구 직원은 두 손을 꼭 잡으며 위로해 주었습니다. 창구직원은 왜 그동안 도움을 요청하지 않았느냐고 안타까워하면서 희망홀씨대출을 소개해 주었습니다. 이 대출로 이자율이 높고 신용에 악영향을 끼치는 대출들을 정리하자고 말해 주었습니다. 희망홀씨대출의 도움으로 저는 연 12%, 640만원의 대출을 받았고, 이 대출로 20%가 넘는 고금리의 카드론, 현금 서비스, 그리고 일부 대출을 상환할 수 있었습니다. 이제 저축도 조금씩 할 수 있게 되었고, 딸아이에게 책 한 권을 사줄 수도 있게 되었습니다. 더불어 아주 적은 금액이지만 청약저축을 붓기 시작했고, 그것이 좀 더 나은 미래의 발판이 되어주리라 생각합니다. 640만원, 누군가에게는 정말 작은 돈일 수 있습니다. 하지만 절박한 어려움에 처한 저에게 그 돈은 사람을 살리는, 말 그대로 '희망홀씨'가 되어주었습니다. 새로운 희망, 그리고 세상에 대한 믿음을 주셔서 다시 한 번 감사합니다."

처음 서민을 위한 무담보 소액 대출을 기획할 때만 해도 대내외적으로 우려가 컸다. 은행 건전성 악화부터 도덕적 해이에 대한 우려까지 반대가 만만치 않았다.

그러나 고객에 대한 믿음과 시장에 대한 신뢰가 확고했기에 금감원은 거듭된 고민 속에서도 '희망홀씨대출'을 성사시킬 수 있었다. 대출 개시 이후에도 장애물은 한둘이 아니었지만, 쇄도한 고객의 수기를 통해 확인한 성과와 가능성을 확신했기에 언론사와 공동 캠페인을 전개하고 서민금융 119 포털사이트에 희망홀씨 코너를 만드는 등 안방에서도 대출 가능 여부를 확인할 수 있도록 하였다. 고객의 처지에서 편의를 도모한 결과는 1년 만에 대출자 수 3만여 명, 총 1조 5,000억원의 취급실적을 기록하면서 우려를 성공으로 반전시키는 결과를 가져왔다. 고객의 적극적인 호응과 지지가 만들어낸 결실이었다.

변화에는 끝이 없다

Thank you!!

출동해진 김 선생님 감사합니다
저는 강 아주머니다 참으로 감사합
니다 이감사한마음을 백 문 난양 입니다
내가 살아 있는동안 하나님 께 기도드리겠
습니다 선생님에 건강과 하시는일이 만사형
통 하시길 빌겠습니다 제가 죽어서도 선생님
에 무궁한 번건과 아푸로 많은 은공을 새우
시길 빌겠습니다 정말 감사합니다 말로이루
발할수없이 감사합니다 김 선생
님분에 10년은 더살것같습니다 감사합
니다
강 올림

민원인들이 보내오는 감사의 편지는 금감원 직원들에게 더 없이 소중한 선물이자 채찍이다.

분쟁을 해결한 고객들의 감사도 잊지 못할 기억이다. 특히 생계형 민원의 경우, 분쟁을 해결하는 과정에서 오히려 금감원 직원들이 더 성장하고 감동하기도 한다.

대표적인 사례 중 하나로, 서툰 글이지만 한 글자 한 글자 써 내려간 글씨에 담긴 애틋함과 진정성이 읽는 이의 심금을 울리는 다음의 편지는 2009년 금융 분쟁을 경험한 어느 민원인의 사연이다.

2009년 3월 조직 검사 다음날 전이성 편평상피세포암이라는 확정 진단을 받은 민원인은 병원에 설명을 들으러 가던 중 8년간 유지해 온 보험 계약을 자발적으로 해약한다. 병원비 마련을 위해 한시라도 빨리 보험금을 받기 위한 자구책이었다. 그러나 보험회사는 조직 검사 결과 보고 이전에 보험이 해약되었으므로 지급책임이 없다고 주장하였다. 금융 분쟁을 처리하던 금감원 담당자는 민원인이 사는 전주에 출장을 가서 남편도 간암에 걸려 있는 딱한 사정을 확인할 수 있었다. 결국, 생계형 민원 해소 차원에서 보험회사와 협의한 결과 조정이 성립되어 민원인에게 보험금이 지급되었다.

2009년 한 해 동안 발생한 민원 건수는 7만 8,000여 건. 금감원 1,500여 명의 직원 전체가 365일 하루도 쉬지 않고 민원 처리에 투입된다는 불가능한 가정을 해도 1년에 한 사람이 53건가량의 민원을 처리해야 한다. 여기에 민원 업무의 특성상 때론 욕설 등 차마 글로 옮기기 어려운 곤혹스러운 상황까지를 고려하면 민원 업무 담당자들의 고충은 열거하기 어려울 정도다.

그러나 민원인의 편지처럼 가슴 절절한 사연과 그 어떤 말보다 뜨거운 감사는 고생을 잊고 고객에 대한 세심한 배려의 중요성을 되새기게 하는 힘의 원천이다.

언론과 함께

언론은 여론의 가늠자이자 고객의 목소리를 듣는 또 하나의 창구이지만, 금감원 입장에서는 늘 시어머니와 같은 존재이다. 감독 업무의 특성상 인기를 얻고 칭찬받기를 기대해서는 안 된다는 것을 잘 알지만, 언론을 통한 칭찬이나 격려보다는 지적과 비판이 앞섰기 때문이다.

그러나 고객이 변하니 언론도 변했다. 금감원의 변화를 긍정적으로 보도하고, 고객의 목소리가 언론보도를 통해 직접 실리기도 하였다.

"한국 금융기관들 대단하지 않습니까. 세계적이라는 위기에서 흔들리는 곳 하나 없잖아요. 은행뿐만 아니라 제2금융권도 별 문제가 보이지 않습니다. 과거 외환위기가 오히려 경제에는 약이 된 듯합니다. 특히 금융당국의 공로도 인정해 줘야 하는 부분입니다."

금융위원회와 금융감독원, '잘해야 본전이고 못하면 피박'이라는 말처럼, 업무 속성상 여간해서는 금융권의 칭찬을 듣기 어려운 곳이다. 그러나 최근에는 금융권 종사자들 사이에서 이례적으로 호평이 나오고 있다.

금융당국이 수년 전 취했던 조치들이 현재의 위기상황을 이기는 데 큰 힘이 되고 있다는 것이다.

(중략)

글로벌 경제위기 한복판에서 한국 금융기관들이 선전하는 건, 외화위기와 신용위기의 경험과 적극적인 자구노력의 결과로 봐야 한다. 그러나 이 못지않게 금융당국의 적절한 조치가 있었음도 인정해야 하는 부분이다.

2009년 5월 8일 〈머니투데이〉에는 글로벌 금융위기 속에서의 금감원의 역할을 높이 평가하는 글이 게재되었다.

최근 총부채상환비율(DTI) 완화에 대한 논의가 행정부를 중심으로 활발하게 진행되고 있는 가운데 DTI가 과잉유동성 해소에 탁월하다는 의견이 나와 관심을 끌고 있다.

20일 신현송 청와대 국제경제보좌관(프린스턴대 교수)은 금감원에서 열린 '도시락 창조교실'에서 "DTI는 한국이 세계에서 유일하게 가진 규제로, 거시건전성 확보 수단으로서 탁월하다."라며 "유럽중앙은행(ECB)에서 배우고 갔을 정도로 세계에서 모범적 사례"라고 말했다.

특히 과잉유동성으로 인한 주택 거품을 잡는 데 큰 역할을 하고 있다고 설명했다. 그는 최근 유럽 국가를 예로 들어 "재정 흑자를 기록한 아일랜드와 '은행 감독의 모범'이라고 일컬어졌던 스페인이 최근 무너진 것은 주택 거품 때문"이라며 "이들의 사례를 보면 DTI의 효력이 명확히 드러난다."라고 말했다. (후략)

또한 2010년 7월 20일 〈아시아 경제〉에는 세계적 경제학자인 신현송 교수의 평가를 전하면서 실린 보도 내용은 금감원이 매진한 노력을 객관적으로 평가하기도 하였다.

이 밖에도 언론을 통해 금감원의 달라진 풍경, 다양한 변화 노력이 소개되면서 다양한 채널을 통해 확산되기도 하였다.

"제가 감독기관 무대 위에 올라가도 됩니까?"

금융회사를 쥐락펴락하는 금융감독원 직원들 앞에 금감원의 감독을 받는 금융회사 사장이 강연자로 나섰다. 현대카드·현대캐피탈 정태영 사장이 주인공이다. 금감원은 창조적 발상으로 성공한 다른 분야 전문가를 초청하여 강의를 듣는 '도시락 창조교실'을 점심시간에 운영하는데, 그 네 번째 강연자로 13일 정 사장을 초빙하였다.

이날 정 사장의 강연 중에 금감원 직원들이 가장 흥미를 보인 대목은 부서 간의 자유로운 소통을 강조하는 기업문화였다. 정 사장은 한 달에 한 번 임원진 약 50명이 본사 10층 강당에 모여 함께 근무하는 '마켓 플레이스(market

변화에는 끝이 없다

place)'가 열린다고 소개하면서 "하루를 투자해서 임원들 간에 서로 대화하고 업무를 묻고 나면 그다음 한 달 동안엔 쉴 새 없이 아이디어가 샘솟고, 회사 몇 층에서 누가 무슨 일을 하는지도 훤하게 알 수 있어 업무 효율이 높다."라고 말했다.

정 사장은 또 업무 보고 단계부터 사장 결재까지 불과 7.6시간 걸리는 효율적인 결재시스템도 남다른 전략으로 꼽았다. 그는 일반 회사나 기관은 업무를 보고하고 그다음 단계로 올라가는 데 시간이 너무 많이 걸린다면서 결재가 필요한 안건을 담당자가 메일로 보내면 관련된 모든 실무진과 임원, 사장까지 함께 실시간으로 토론하면서 효율적으로 의사결정을 한다고 설명했다.

금감원 직원들의 호응은 뜨거웠다. 금융회사의 정보를 다루는 조직의 특성상, 정보를 잘 공유하지 않는 금감원의 '칸막이 문화'에 대한 지적이 끊이질 않기 때문이다. 이석근 금감원 경영전략본부장은 금감원도 민간기업의 혁신과 창의성을 배우려고 정 사장을 섭외한 것이라며 어느 강연보다도 금감원 직원들의 집중도가 높았다고 전하였다.

어제 금감원에서 강연을 했다. 소위 감독 당국에서 강연한다는 것이 생소했지만 잊고 평소대로 하기로. 강연하는 사람은 십 분만 지나면 안다. 얼마나 살아있는 조직인지. 내내 또렷한 시선들과 웃음으로 화답하는 배려가 정말 인상깊은 청중이었다.

diegobluff
정태영

피감기관이기도 한 현대카드의 정태영 사장이 금감원 특강 후 자신의 팔로워들에게 보낸 트위터 메시지.

2010년 10월 14일, 조선일보는 금감원의 대표적인 변화성과인 도시락 창조교실에 대해 심층 보도하였고, 다른 매체에서 보도가 이어졌다. 정태영 사장도 강연 다음날 트위터를 통해 2만여 명의 팔로워에게 강의소감을 전달하기도 하였다.

감독 및 검사 과정에서 금감원의 달라진 모습이 언론 기고문을 통해 소개되기도 하였다.

선입견 깨뜨린 금융감독원에 감사

지난 11월 초 출근시간 1시간여 전에 당직 직원으로부터 다급한 한 통의 전화왔다. 금융감독원 감사반이 불시에 왔다는 전갈이었다. (중략)

금감원 감사는 금융회사의 적법성 확보, 부정부패 근절, 민원접수 및 해소 등 금융회사의 사회적 투명성을 제고시키는 역할을 해왔다.

그러나 이러한 성과 이면의 피감기관은 감사일정 및 감사범위 등 다소 일방적인 감사를 받게 되었으며, 과도한 적법성 위주의 감사는 지나친 적발·처벌 등으로 직원들의 사기저하와 권위적·고압적 감사라는 선입견을 주게 됐다.

하지만, 이번 감사에서는 나의 이러한 생각들은 많은 변화를 가져왔다. 과거의 감사는 권위·처벌 등으로 대변됐으나, 요즘은 이러한 비유가 어울리지 않는 듯하다. (중략)

현시대에 적지 않게 존재하는 권위와 형식을 허물어 버린 금감원 감사반의 모습에서 상호 간 마음을 연 신뢰가 바탕이 된 대화와 정보 교환이 진정으로 조직 발전에 도움을 가져온다는 점과 변해가는 정부기관의 모습에서 농업인과 농협, 지역농협과 중앙회의 희망찬 상생의 길이 있다고 확신하며, 금융감독원의 건승을 기원한다.

2010년 11월 초 금감원의 감독·검사를 받은 홍해 농협조합장의 기고문은 금감원의 고질적 관행으로 치부되던 고압적·권위적 업무 행태가 개선되었음을 인정받은 기쁜 소식이었다.

변화에는 끝이 없다

대외적 공인

다양한 형태로 마주한 고객의 격려와 성원은 가시적인 인정으로 이어졌다. 2010년 5월 26일, 한국언론인포럼이 주관하는 '2010 한국사회 공헌대상'에서 금감원이 국민복지부문상을 수상하였다.

그동안 급여 끝전 모으기 등을 통해 조성한 사회 공헌 기금을 재원으로, 금융 소외자를 위한 대출 재원 기탁, 취약 계층에 대한 금융교육 확대 등 금감원의 특성에 맞는 사회 공헌 활동을 발굴하고 추진한 데 대한 사회적인 인정이었다.

2010년 12월에는 '제3회 대한민국 인터넷 소통대상'에서 준정부기관 부문 대상을 받았다. 한국인터넷커뮤니케이션협회가 기업 1,200사와 공공기관 600곳을 대상으로 인터넷을 통한 소통의 우수 사례를 발굴·확산시키기 위해 추진하는 사업에서 금감원의 블로그 '행복을 전하는 금융생활백서'와 트위터가 우수한 점수를 받은 것이다.

특히 이 상은 전국 성인남녀 2,500명의 고객 패널을 대상으로 인터넷 소통 고객 만족도 조사 결과와 국내 인터넷 분야 전문가 및 교수진 27명으로 구성된 인터넷소통어워드위원회의 최종심의 결과라는 점에서 그 의미가 각별하다. 금감원의 변화 노력을 다양한 외부 고객이 공개적으로 인정했다는 의미를 담고 있기 때문이다.

그 어느 기관보다 청렴하고 올곧아야 할 감독기관으로서 특히 영예로운 상도 있었다. 국민권익위원회가 주최한 '2010년 반부패 수범사례 경진대회'에서 금감원이 장려상을 받았다. '보험사기 조사 업무의 파수꾼 보험사기인지시스템 구축'으로 수상하였지만, 금감원 전 직원들에게 감독종사자로서의 사명감을 다시 한 번 일깨우는 계기가 되었다.

고객의 격려와 성원은 금융감독이라는 무거운 짐을 진 직원들에게는 청량음료이자, 위기를 넘게 하는 동력이다. 이렇게 변화추진의 성과가 내부 고객의 마음을 다잡고, 외부 고객의 격려로 나타난다는 것은 변화에 대한 검증과 확신의 과정이기도 하다.

한 술에 배부를 수 없고 한걸음에 내달을 수는 없겠지만, 이렇게 조금씩 고객의 격려 속에 변화의 뿌리를 튼실하게 뻗어나간다면 금감원의 비전에 한 걸음 더 다가가는 것이다.

변화에는 끝이 없다

금감원이 通하다

여행과 변화를 사랑하는 사람은
생명이 있는 사람이다.
- 바그너

침폰대단

침과대단(枕戈待旦)이라는 고사성어가 있다. 중국 진나라의 유곤이 친구에게 쓴 편지 가운데 "나는 창을 베개 삼아 잠을 자며 아침이 되기를 기다리면서 오랑캐 무리를 몰아내는 데 뜻을 두었으며……."에서 유래한 말로, 항상 전투태세를 갖춘 군인의 자세를 비유하는 말이다.

김종창 원장은 침과대단을 패러디하여, 창 대신 휴대폰을 베게 옆에 두고 24시간 아무 때나 보고받을 수 있도록 준비를 했다는 의미에서 '침폰대단'을 강조하였다. 글로벌 금융위기로 인한 긴박감 속에 급한 상황은 시간을 가리지 말고 언제든 신속하게 보고하라는 취지에서 시작된 말이었지만, 신속하고 열린 커뮤니케이션의 중요성을 강조한 의미이기도 하였다.

이는 원장의 평소 철학이기도 하지만, 금감원의 역량강화를 위한 보고 체계 간소화와 업무 효율화 노력을 촉구하는 상징적 단어이기도 하다.

보고와 지시가 신속하게 이루어지지 않는 조직은 동맥경화에 걸린 신체와 마찬가지다. 혈액순환이 잘 되면 신체 곳곳에 필요한 영양소를 공급하고 활기를 띠지만, 그 흐름이 원활하지 않으면 심지어 목숨을 잃을 수도 있다. 조직 내 커뮤니케이션 역시 마찬가지이다. 신속하고 정확한 커뮤니케이션은 업무 효율을 높이고 조직의 활기를 더하지만, 그렇지 않은 경우엔 커뮤니케이션 장애로 조직 내 균열과 비효율을 초래하고 도태로 이어질 수도 있다. 규모가 크고 관료적인 조직일수록 이러한 커뮤니케이션의 동맥경화가 나타나기 쉽다.

금감원은 급변하는 금융 환경 변화에 기민하게 대처하면서도, 복잡한 금융관련 업무 집행을 위해 많은 내용을 검토하고 다양한 보고서를 작성해야 하지만, 그 어느 조직보다 원활한 커뮤니케이션이 필요한 조직이다. 변추단은 이러한 조직의 특성을 고려하고 효율적인 조직문화와 제도 실행을 위하여 2008년 5월 '조직의 효율적 운영 및 직원의 창의성 제고를 위한 조직문화 개선 방안'을 마련하였다.

우선 보고를 준비하는 사람이나 받는 사람 모두에게 부담일 수밖에 없는 과도한 보고문화부터 개선하기로 하였다. 직원들은 보고 자료를 작성하기 위해 불필요하게 많은 시간을 써야 했고, 원장도 필요한 보고에 집중할 수 없는 악순환의 고리를 끊어야 하는 시점이었다.

2008년 비전 수립과 함께 금감원의 변화를 체감할 수 있는 가시적 변화과제로 '원장 보고 관행 개선'을 도출하고, 비서를 통한 사전 예약 대면 보고, 1회 보고시간을 15분 이내로 하고 최대 30분을 넘지 않기, 한두 페이지 요약문을 중심으로 보고하기, 긴급 사안은 전화로 보고하기 등을 시

변화에는 끝이 없다

내부의 보고체계 개선을 위해 2010년 8월 웹툰을 제작하여 전 직원들에게 배포하였다.

범적으로 시행하였다.

　원장 보고를 부서의 일하는 모습을 보여주기 위한 기회로 삼는 경향 때문에, 경미한 검토사항조차 모두 원장에게 보고하려고 하는 현상이 지속되었다. 2008년 4월부터 2010년 1월까지 김종창 원장이 받은 결재 건수는 공식 결재·보고 문서만 본부장의 1.78배로, 수시 메모 보고 등까지 고려하면 여전히 높은 수치였다. 원장의 방에는 읽어야 할 서류가 늘 산더미같이 쌓여 있었다.

　변추단은 2008년 말 수립한 '원장 보고 관행 개선 방안' 시범 실시 결과에서 나타난 문제점을 보완하기 위하여 2010년 상반기에 개선 방안을 도출하고 본격 시행을 위한 다양한 변화를 시도하였다. 모니터링 과정에서 직무 권한을 넘어서 원장에게 보고되는 문제점이 발견되어 이를 수정·보완하였다. 직무 권한 분류대로 결재자를 지정하지 않으면 결재 진행이 되지 않도록 전자결재시스템을 개선한 것이다. 이로써 본부장 이하 하위 결재자에게 위임된 사항도 원장 직무 권한 사항으로 품의되는 경우를 상당 부분 개선할 수 있었고 2010년 11월에는 '리더 보고 평가제'도 시행하였다.

보고 관행 개선을 위한 인식변화 노력도 더해졌다. 모든 직원이 공감할 수 있는 사례 중심의 대표적 에피소드를 통해 문제의식을 공유할 수 있도록, 2010년 8월 웹툰을 제작하여 인트라넷에 게재하기도 하였다.

야근문화 개선을 위한 노력

변화는 상황에 따라 여러 얼굴을 갖고 있다. 어느 경우에는 사소한 일에도 함빡 웃는 어린아이처럼 곧바로 구체적 성과가 나타나지만, 때로는 어떤 자극에도 무표정한 얼굴처럼 변화를 체감하기 어렵다. 금감원의 야근문화 개선 노력은 무뚝뚝한 얼굴 같았다. 원장 보고문화 개선 못지않게 관행처럼 굳어져 버린 야근문화를 개선하기 위해 원장이 나섰다. 외부에서는 노동조합도 아닌 원장이 야근문화 개선 방안을 마련하라는 특명까지 내렸다는 점을 선뜻 이해하기 어렵겠지만, 그만큼 암울한 금감원 현실의 방증이었다.

금감원 출범 이후 과중한 업무 부담과 스트레스로 거의 매년 과로사나 돌연사하는 직원이 생겨났다. 지금까지 14명의 직원이 유명을 달리하였다. 남아 있는 직원의 건강 상태도 심각한 수준이었다. 2008년 정기 건강 검진 결과, 직원의 18%가 암·고혈압·당뇨·간질환 등 만성질환에 시달리는 것으로 나타났다. 금융감독원은 손해율이 높다는 이유로 보험회사가 바뀌는 수모를 겪기도 하였다.

이런 상황에서도 금감원 직원들의 야근은 계속되었다. 리먼 사태로 촉발된 글로벌 금융위기 극복을 위해 원장을 비롯한 임직원들은 휴일도 반납하고 불철주야 매진하였다. 어느 국가보다 슬기롭게 위기를 극복했다는 평가가 해외에서 먼저 나왔지만, 위기를 극복했다고 안도할 수는 없었다. 위기 이후에도 야근은 더욱 확대되어 개개인의 건강을 담보로 금융감독이라는 사명을 지켜내는 형국이었다. 직원들의 불만도 고조되고 있었다. 2009년 7월 변추단이 야근문화 개선 작업에 착수하면서 전 직원을 대상으로 설문 조사한 결과, 81.5%가 "불필요한 야근문화가 존재한다"고 응답하였다.

그러나 실질적으로 야근 개선 방안을 도출하는 일은 결코 녹록한 일이 아니었다. 업무량이 많아 야근하는 것은 어쩔 수 없다 하더라도 눈치 보기 야근은 그 근본 뿌리부터 찾아내 없애야 할 상황이었다.

변추단은 선진기업의 사례를 분석하고, 야근문화를 개선한 여러 기업을 방문하면서 구체적인 방법을 모색하였는데, 결론은 시스템적 보완을 통한 개선 방안 마련이 더 빠르고 정확하다고 판단하였다. 우선 기존의 야근관리시스템부터 보완하기로 하였다. 금감원에는 이미 '야근관리시스템'이 도입되어 있었다. 2005년 세 명의 직원이 과로사하면서 2006년부터 총무국 주관으로 '일과 생활의 균형 방안'을 추진한 결과이다. 시간 외 근무시간에 맞춰 PC를 강제로 정지시키는 물리적 방법이었지만, 밀린 업무마저 제치고 퇴근을 강제할 수는 없었다. 직원들이 랜 선을 분리하거나 강제 PC 종료를 무력화하는 소프트웨어를 사용하면서 야근관리시스템은 제대로 작동하지 못했고 직원들의 불만은 쌓여만 갔다.

"6시 반에 컴퓨터가 꺼지게 되어 있는데 다들 여러 가지 수단을 동원해서 안 끄고 일한다."

"랜 선을 뽑고 일하는 현재 시스템하에서는 아무런 해결이 안 되니 랜 선을 뽑는 것을 엄중 조치 해야 함."

  - 열린 게시판, 2009년 9월

변추단은 강제적인 수단을 다시 사용할 경우 직원들의 불만만 고조될 것으로 판단하고 좀 더 창의적인 방안을 찾고자 오랜 고민과 다양한 논의를 지속하였다. 그 결과 2009년 10월, 야근을 줄이는 가장 합리적인 방법으로 '워크 스마트(Work Smart, 핵심 업무 위주로 지혜롭게 일하기)'가 도출되었다. 이와 함께 조직과 직원이 상생할 수 있는 선순환구조 정착을 위해, 불필요한 야근에 대한 시스템적 통제와 현장관리자의 조직 관리 능력 및 업무 효율성을 높이는 데 중점을 두는 방안을 마련하였다.

시스템적 보완은 기존의 야근관리시스템 해제시각을 21시에서 24시까지 연장하고, 시스템을 무력화시키는 시도 등에 대해서는 대처 방안을 보완하였다.

현장관리자의 조직관리 마인드 혁신을 위해서는 업무 프로세스를 지속적으로 점검할 수 있도록 하여, 불필요한 일을 없애고 효율적으로 일할 수 있는 분위기를 조성하도록 하였다. 또한, 야근문화 개선을 위한 위해 노사가 함께 노력하고 경영진이 의지를 천명하도록 함으로써, 시스템 혁

                    변화에는 끝이 없다

신뿐만 아니라 문화로 정착될 수 있도록 하였다.

문제를 해결하기 위한 창의적 고민과 새로운 접근은 즉각적인 직원들의 호응으로 이어졌다. 야근문화 개선 방안이 시행된 지 한 달 만에 열린 게시판을 통해 높은 관심과 지지가 표명되었다.

"야근 관련 대책 중에 이번 것보다 깊이 있게 접근한 것은 본 적이 없습니다. 정말 시행만 잘된다면 훌륭할 것으로 생각합니다."

"변화 초기에 우리가 모두 잘 버텨야 성공할 것으로 생각합니다. 윗분들도 일 줄이는 방안을 강구하셔야 하구요."

- 열린 게시판, 2009년 11월 30일

변추단은 특히 '신뢰성 있는 야근 통계 구축을 통한 조직문화 개선'에 주력하였다. 서로 눈치 보는 야근을 없애려면 직원들 간에 믿고 따를 수 있는 근거가 필요하다는 판단에 의한 것이었다. 판단은 현실로 나타났다. 야근 통계를 투명하게 들여다볼 수 있도록 시스템을 개선하자, 현장관리

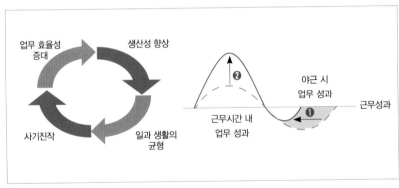

야근문화를 바꾸기 위한 다양한 분석과 연구를 토대도 작성된
'야근문화 개선 선순환구조'(좌)와 '야근문화 개선 개념도'(우).

자의 조직관리 마인드가 효율적으로 변하고 보상 없는 야근이 많이 줄어
드는 추세이다.

실질적인 야근 개선 효과와 함께 일의 양보다는 질을 중시하고 단순한
근면함보다 미래 지향적인 창의성이 중시되는 조직문화 확산의 전기가
마련된 것이다.

성장통을 겪은 후

금감원 변화추진의 마중물(Priming Water)이자, 열린 의사소통
의 대표적 사례가 열린 게시판이다. 갓 취임한 원장이 무기명을 보장하고
시작부터 직원들의 적극적인 호응 속에 다양한 조직문화의 변화를 가져
왔지만, 성장에 뒤따르는 성장통처럼 그에 따른 진통도 있었다.

직원들의 신뢰를 바탕으로 자율정화, 최소한의 통제, 무기명 원칙 등 최
소한의 개입만 이루어지면서 운영 과정상의 미비점이 드러났다. 동일인
이 필명을 바꿔서 여러 명의 의견인 것처럼 게시물을 올릴 수 있고, 별도
의 필명 등록 없이 바로 댓글 작성이 가능하여 여론을 왜곡할 우려가 있
다는 점이다.

2010년 2월 도입된 열린 게시판 필명제는 미비점에 대한 보완책이었
다. 1인 1필명을 사용하도록 하되, 개인정보와 연결고리가 없도록 알고리
즘을 구현함으로써 철저한 익명성 보장이 지속될 수 있도록 한 것이다.
그러나 운영상의 미비점을 보완하기 위한 시스템 개선은 활발한 의견 개
진을 가로막는 부작용을 초래하였다. 익명성 보장이라는 대원칙이 확고

변화에는 끝이 없다

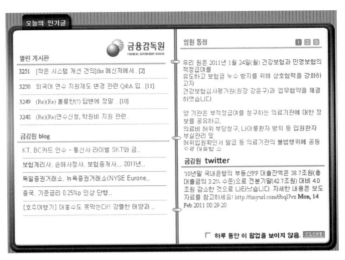

열린 게시판은 금감원 혁신의 기폭제 역할을 톡톡히 해냈다. 사진은 열린 게시판 팝업 창 화면.

하게 적용되고 있음에도 불구하고 사번이나 IP추적에 대한 우려가 확산 되면서 게시물이 대폭 감소하였다.

원장이 서명한 열린 게시판 운영 4대 원칙의 정신을 거듭 안내하고 익 명성 보장의 알고리즘에 대한 정보를 공유하였지만, 한번 싹튼 우려감은 쉽게 가라앉지 않았다.

변추단은 금감원 변화추진의 생생한 증거인 열린 게시판을 다시 활성 화시킬 수 있는 방안을 모색하였다. 직원의 입장에서 가장 우려하는 점부 터 출발하여 제반 운영 방안까지 다양한 점검과 의견수렴을 통해 최종적 으로 두 가지 개선안을 도출하였다.

첫 번째는 게시판 노출 빈도를 높여 접근을 쉽게 하자는 것이었다. 이 를 위해 업무용 인트라넷 접속 시에 열린 게시판의 최신 글 제목과 함께 블로그나 트위터, 임원 동정 등 직원들이 읽어야 할 내용을 팝업 창으로 띄웠다.

다른 하나는 건전하고 미래 지향적인 조직문화 정립에 부응하는 양질의 글을 작성하는 사람을 우대하자는 것이었다.

이를 위해 원내 오피니언 리더들을 우대하는 '스타 논객' 제도를 도입하였다. 팝업 창이 이용자의 양적 팽창을 위한 도구라면, '스타 논객' 제도는 게시물의 질적 향상을 위한 방안이었다. 열린 게시판 이용자 스스로 건전하고 미래 지향적인 조직문화 정립에 부응하는 글이라고 판단되면 추천할 수 있도록 하였고, 100회 이상 추천받은 글은 열린 게시판 상단의 '스타 논객 전용 게시판'에 올라가도록 하였다. 시행 과정에서 스타 논객 전용 게시판의 대상을 확대하면서 직원들의 호응도 커졌다. 어찌 보면 사소한 영예이지만, 스타 논객 게시판의 글들이 직원들 사이에 회자되면서 열린 게시판이 활성화되고 긍정적인 조직문화 형성에도 일조하였다. 이로 인해 조회 수와 게시물, 댓글이 최저점 대비 각각 303%, 237%, 495% 급증한 것이다.

오해가 불신으로 번지기 전에 확고한 신뢰를 재천명하고, 일방적 주장보다 직원들이 체감할 수 있는 긍정적 접근방법으로 진정성을 보인 결과, 열린 게시판은 다시 대표적인 의사소통 채널로서의 역할을 톡톡히 하고 있다. 소통의 성장통을 겪고 나서 좀 더 단단해진 소통 채널로 자리잡게 된 것이다.

슬로건, 고객을 감동시켜라

금감원 변화 노력의 출발이 비전과 핵심가치 수립이었지만, 이

변화에는 끝이 없다

는 미래 비전의 좌표를 설정하고 구성원들의 가슴에 새기는 일이지 고객에게 친근하게 다가갈 수 있는 메시지는 아니었다.

변추단은 고객의 처지에서 쉽고 직관적으로 금감원에 대한 이미지를 가질 수 있는 슬로건을 개발하기로 하였다. 또한, 이 과정을 임직원이 함께함으로써 변화의 징검다리를 놓아 가고자 하였다.

구체적으로 슬로건은 공모를 통해 선정하고, 최대한 많은 직원이 동참할 수 있도록 관심을 유발하기 위해 아이패드를 1등 상품으로 내걸었다. 또한 응모를 위해 직원 개개인이 아이디어를 고민하고 동료와 생각을 나누는 과정 자체가 금감원의 정체성에 대한 인식을 다시 한 번 공유하는 계기가 될 수 있도록 하였다.

2010년 8월 25일, 마침내 슬로건 공모가 시작되어, 2주의 공모기간 동안 임직원 117명이 176개의 슬로건을 응모하였다. 심사 결과, 감독서비스총괄국의 문성훈 선임이 '금융은 믿음가득, 국민은 희망가득 – 금융감독원의 약속입니다'로 1등의 영예를 안았다. 이와 함께 1등 작품의 길이이가 다소 긴 점을 참작하여 사용 매체에 따라 적합한 길이의 슬로건을 선택하여 사용할 수 있도록 '금융소비자의 파수꾼, 금융시장의 등대', '바른금융 파트너, 금융감독원'을 추가 선정하였다.

여러 조직에서 다양한 공모가 진행되고 있지만, 많은 전문가가 사내 공모의 결실을 보기 어렵다고들 말한다. 야심차게 시작한 것과는 달리 응모작이 신통치 않을 수 있다는 우려이다. 그러나 금감원 슬로건은 현재 공문, 명함, 전화수신음, 외부 LED 게시판 등에 다양하게 이용되고 있다. 앞으로 개편 예정인 홈페이지를 비롯한 다양한 매체에도 활용될 것이다. 이렇게 성공적인 공모 결과보다 더욱 뜻깊은 것은 공모 과정을 전 직원이 함께하면서 다시 한 번 변화를 체험하였다는 점이다.

금감원 직원으로서의 자세와 고객을 향한 약속을 슬로건에 담으려면 전 직원이 공모 과정에 동참하고, 후보작을 선정하는 과정에서 각 슬로건에 담긴 의미를 재차 공유하는 한편, 고민하고 추리는 절차를 통해 고객에게 다가갈 마음가짐을 되새길 수 있었다. 슬로건은 이미 '슬로건 그 이상'의 의미로서 새로운 가치로 자리하고 있다.

함께 배우고 고민하며

"역사는 인간을 현명하게 하고, 시는 지혜롭게 하고, 수학은 치밀하게 하고, 철학은 심원하게 하며, 윤리학은 중후하게 하고, 논리학과 수사학은 담론에 능하게 한다. 따라서 학문은 인격이 된다."

배움의 중요성과 함께 다양한 배움의 필요성을 언급한 영국의 철학자 베이컨의 지적은 이미 금감원 사람들의 마음속에 싹터 있었다. 전 직원을 대상으로 설문 조사한 결과, '직원 대상의 교육 기회 확충'에 대한 요구가 높았다. 다수의 박사 학위 소지자를 비롯하여 해외 연수 경험 등 '고도의 전문성'이라는 비전에 부응하는 고학력자가 많지만, 인식의 지평을 넓힐 다양한 학습 기회를 원하고 있었던 것이다.

변추단은 직원 교육 기회 확충과 대내외 소통 강화의 목적으로 '커뮤니케이션 역량 강화를 위한 워크숍'을 기획하였다. 효과적인 평판 관리를 위해서는 직원들의 커뮤니케이션 태도가 중요하다는 2009년 7월의 외부 인식 조사 결과에 착안한 것이다. 2009년 12월 17일부터 나흘간 마콜커뮤니케이션 컨설팅 강소연 상무의 진행으로 부서장 33명이 참여하여 12

전문적 업무 역량 강화와 그 이상의 교육 기회 제공을 위해 금감원은 여러 프로그램을 시행하고 있다.
사진은 2009년에 열린 커뮤니케이션 워크숍과 특강 진행 모습.

차례의 워크숍이 개최되었다.

금감원의 핵심 현안에 대한 토론 시뮬레이션과 돌발 상황에 대한 전략적 대비 등의 내용으로 구성된 워크숍을 통해 조직의 미래에 대해 함께 고민하고, 커뮤니케이션의 중요성과 고객의 입장에 대해 되새겨 볼 수 있는 의미 있는 계기가 되었다. 12월 21일과 22일에는 각각 부서장과 팀장급을 대상으로 효과적인 대내외 커뮤니케이션을 위한 이론과 방법론, 전략적 메시지 전달법, 유의사항 등을 포괄한 커뮤니케이션 특강이 진행되었다.

때론 한 조직의 존망을 좌지우지하기도 하는 커뮤니케이션의 중요성을 체감하고, 고압적·권위적이라는 외부 고객들의 인식을 극복할 방안을 되짚어 보았다. 커뮤니케이션 워크숍은 연말의 빡빡한 일정에도 불구하고 높은 참여 열기와 뜨거운 반향에 따라 2010년에는 주무팀장으로 대상을 확대하였다. 만족도 조사 결과 참석자의 76%가 만족을 표명하고, 이번 연수가 일회성으로 끝나기보다 장기적·지속적으로 필요하다는 의견을 제시한 것처럼 금감원 핵심 인력들이 커뮤니케이션의 중요성을 되새기는 계기로 자리하였다.

변추단은 이와 함께 금감원의 핵심 인력을 대상으로 리더십 역량 제고 프로그램을 추진하였다.

딜로이트컨설팅과 함께 2009년 10월 리더십 진단 모델 수립을 시작으로 11월에는 진단을, 12월에는 진단 결과 분석과 워크숍을 개최하였다. 석 달에 걸친 리더십 진단 결과, 금감원의 리더십 역량 제고 방안이 도출

영역	진단 지표
사람 Leading People	1. 부하직원의 구체적인 행동에 근거하여 시의적절하게 피드백을 제공하고 문서화함으로써 이를 육성과 보상의 근거로 삼는다. 2. 부하직원의 역량을 객관적으로 파악하여 강점을 살리고 약점을 보완할 수 있는 기회(업무경험, 교육 등)를 제공한다. 3. 구성원이 지속적인 학습을 통해 발전할 수 있도록 자극하여 발전적 목표를 수립할 수 있도록 지원한다.
변화 Leading Change	1. 부서의 비전·목표를 만드는 과정에서 부하직원의 참여를 독려하고 완성된 비전·목표를 공유한다. 2. 자신과 조직의 업무 영역 중 변화해야 할 부분을 설정하고 능동적으로 변화를 시도한다. 3. 변화추진에 장애가 된다고 판단되면, 기존의 관행에 기꺼이 도전한다.
성과 Leading Results	1. 부하직원의 성과와 역량을 합리적이고 공정하게 평가하며, 이를 더 나은 성과창출의 기회로 활용한다. 2. 보고서 자체보다는 실행을 지향하는 등 업무의 양보다 질을 우선하는 정책을 통해 가치 중심의 업무 풍토를 조성한다.
조직 Leading Organization	1. 조직이 견지해야 할 핵심가치와 문화를 구체화하여 이를 부하직원들과 공유하고 준수하도록 한다. 2. 자신이 담당하고 있는 업무의 성과뿐 아니라 소속 본부나 조직 전체의 성과달성을 위해 고민하고 노력한다. 3. 조직 전반에 걸쳐 적극적으로 협동함으로써 개인이나 부서 단독으로 풀기 힘든 문제를 해결한다.

임직원의 리더십 강화를 위해 만들어진 금감원의 리더십 역량 진단 지표(부서장·팀장 공통).

변화에는 끝이 없다

되었고 팀장급 이상의 핵심 인력이 함께 공유하는 과정을 거쳤다. 일반적인 공공기관과는 다른 감독기구의 특수성 속에서 금감원 리더로서의 역할과 위상에 대한 재발견의 시간이었다.

책 속에 길이 있다

금융은 살아 숨 쉬는 생명체이자, 자가 발전하기도 하고 법칙 없는 진화를 거듭하기도 하는 규정하기 어려운 존재이다. 어디로 향할지 그 방향을 예측하기도 어렵다. 위기 이후에는 더 복잡하고 불투명해졌다.

금감원은 이러한 금융 환경의 특성을 이해하고 환경 변화에 대한 통찰력을 기반으로, 시시각각 급변하는 금융시장에 선제적으로 대처해야 하는 막중한 책임을 부여받았다. 그만큼 할 일도 많고 공부해야 할 내용도 넘친다. 금융지식은 물론 다양한 분야의 지식을 확충해야 하고, 어떤 상황에도 유연하게 대처할 수 있는 변화 정신으로 무장하고 있어야 한다.

변추단은 이를 위해 독서경영을 도입하기로 하였다. 독서경영은 일정한 주제와 관련된 교양 도서를 읽고 감상문을 제출하거나 퀴즈 풀이 등을 통해 내용에 대한 숙지와 체화를 경험하는 프로그램이다. 바쁜 업무로 독서할 시간이 부족한 직장인들에게 적합한 연수 방식 중의 하나로 여러 직장에서 도입하는 프로그램이었다.

변추단은 2009년 3월 당시 인력개발실 조운근 팀장의 제안에 따라, 금감원만의 독서경영 프로그램을 구체화해 나갔다. 금감원 전체에 도입하기 전에 우선 시범 운영을 통해 효과를 측정하기로 하고, 2009년 5월 변화촉진자 93명을 대상으로 파일럿 프로그램을 가동하였다.

선정 도서의 종류와 내용이 성공의 관건이라는 판단에 따라, 비전 달성과 변화 정신 제고에 도움을 줄 수 있는 도서 선정에 심혈을 기울였다. 치열한 논의를 거친 끝에 《육일약국 갑시다》, 《에너지버스》, 《피터 드러커의 위대한 혁신》, 《화폐전쟁》 등 9권을 선정하고, 네 가지 프로그램을 구성하였다. '충성 고객을 만드는 방법', '신바람 나는 일터 만들기', '금융역량 강화-금융트렌드 읽기', '성공적인 변화관리 실천향상' 등이 그것이다.

두 달 동안 진행된 프로그램 결과는 한 마디로 대성공이었다. 변화촉진자들은 독서를 통해 자신들의 부족한 역량을 계발할 기회를 얻게 되었고, 특히 독서 습관이 생겼다는 점에 대해 크게 만족하였다.

"업무 때문에 책을 읽을 시간이 없었는데 학습 평가를 위해 의무적으로라도 책을 읽는 시간을 가질 수 있어서 좋았습니다."

"독서경영 과정을 통해 약간의 의무감을 가지고 책을 읽을 수 있어 좋았고, 책의 내용이 직장생활을 하는 데 많은 도움을 줄 수 있는 내용이었다."

"세계 금융 질서에 대해 새로운 시각을 가질 수 있게 된 점이 좋았습니다."

"우리 사회의 시각과 다른 신선한 관점을 통해 리더십과 조직 운영을 이해할 수 있었음."

'같은 책을 읽었다는 것은 사람들 사이를 이어주는 끈'이라는 에머슨의 말처럼, 독서 소감은 조금씩 달랐지만 독서경영 참가자들을 비전과 변화라는 키워드로 서로의 공통점을 만들어갔다.

독서경영 파일럿 프로그램을 통해 확신을 얻은 변추단은 인력개발실을 통해 독서경영 프로그램을 금감원 전체로 확대 운영하기로 하였다. 2010년 4월을 시작으로 한 해 동안 모두 3회의 프로그램이 진행되었다.

변화에는 끝이 없다

구분	매우 만족	만족	보통	불만족	매우 불만족
교육 내용[1]	23.20% (10명)	55.8% (24명)	16.4% (7명)	2.3% (1명)	2.30% (1명)
업무 수행 자기계발[2]	25.60% (11명)	46.5% (20명)	27.9% (12명)	0.0% (0명)	0.000% (0명)

1) "교육 내용에 대해 전반적으로 만족하십니까?"
2) "교육 내용이 업무 수행 또는 자기계발에 도움이 될 것으로 생각하십니까?"

독서경영 프로그램은 직원들의 열렬한 지지 속에서 시행 1년 만에 완전히 안착되었다.
도표는 독서경영 프로그램 참여자를 대상으로 한 설문 조사 결과표.

참석 의지도 높았고, 참석한 사람들 호응도 좋았다. 한 번 경험한 사람들은 독서경영 프로그램을 더 원했고, 탈락한 사람은 거듭 지원했다. 회를 거듭할수록 경쟁이 치열해졌다.

예상을 뛰어넘는 열기로, 평소 120명 선에서 선발하던 독서경영 프로그램 연수생을 3기에서는 신청자 전원으로 확대할 정도였다.

책 속에 삶의 지혜와 인생의 참된 길이 있지만, 그 길을 발견하고 체화하여 실행하는 것은 자신의 몫이듯, 금감원이 독서경영 프로그램을 통해 새로운 길을 발견할 기회를 제공했지만, 그 길을 찾는 것은 직원들의 몫이다. 시행 1년 만에 안착할 정도로 직원들의 큰 호응을 이끌어낸 독서경영 프로그램은 이미 금감원 직원들 사이에 책을 매개로 한 하나의 길이 만들어졌다는 의미이다.

독서경영은 학습 욕구가 강한 직원들에게 새로운 지식에 대한 앎의 기회를 제공하고 금감원 안에 서로 통(通)할 수 있는 생각의 다리를 놓아가고 있다.

　변화에 성공한 조직의 공통점은 상하좌우로 열린 조직문화를 갖고 있다는 점이다. 원장 취임 이후 추진된 금감원 변화의 방향 역시 열린 조직문화를 위한 것이었다. 비전의 체화와 구현을 위해서도 커뮤니케이션이 활성화된 투명하고 열린 조직문화는 금감원 변화의 기반이다. 열린 게시판이 포문을 열었다면, 2008년 6월 말 기획된 '본부장의 소속직원 알기 운동'은 열린 조직문화를 폭넓게 형성하고자 한 노력의 일환이었다.

　당시 금감원의 상하좌우 소통은 원활치 않았다. 원장이 취임 직후부터 권위주의적 회의문화를 개선하고, 거리낌 없이 직원들과 소통하는 모습을 보였지만, 직원으로서 경영진은 여전히 마주하기 어려운 대상이었다. 임원과 직원 간에, 다른 부서의 직원 서로 간에 얼굴을 모르는 경우도 허다했고, 인사 나눌 기회도 없었다.

　'본부장 소속직원 알기 운동'은 경직된 조직문화가 원활한 소통을 가로막을 뿐만 아니라, 변화를 저해하는 원인이라는 판단에 따라 기획된 프로그램이다. 변추단은 임원과 직원 간에 직접적인 커뮤니케이션을 통한 상하 소통의 기회를 만들고자 다양한 만남의 기회를 마련하였다. 2008년 7월부터 2010년 6월까지 약 2년간 본부별로 모두 26차례의 정기만남을 가졌다. 호프 미팅, 피자 간담회, 티타임 등 모임의 명칭도 형태도 다양했지만, 소박한 먹을거리를 나누며 편안한 분위기에서 서로에 대해 알아가는 시간을 가졌다.

　'본부장 소속직원 알기 운동'을 통해 위아래 얼굴을 익히고 소통의 물꼬가 트여가고 있었지만, 같은 층에 있는 직원들끼리도 얼굴을 모르고 권역별 장벽도 여전했다. 변추단은 수직적 소통을 직원 간의 수평적 소통으로 확산시키기 위한 후속 프로그램으로 2010년 7월 '통통(通通) 운동'을 전개하였다. '통통'은 원내 본부 간 자매결연 부서를 지정하여 서로 얼굴을 익히고 서로 왕래함으로써 원활하게 소통하자는 취지의 '본부끼리 통(通)하기'와 같은 층에 있는 부서 직원 간에 서로 이름과 업무를 알고 친밀하게 소통하자는 취지의 '같은 층 직원끼리 통(通)하기'의 두 가지 통(通)을 의미한다.

변추단은 우선 '본부끼리 통하기'를 위해 업무상 시너지를 낼 수 있는 본부별 부서끼리 연결해 나갔다. 기업공시국과 저축은행서비스국 등 모두 22개의 자매결연 부서가 이루어졌다. 또 '같은 층 직원끼리 통하기'를 위해 총무국과 회계서비스1국 등 총 21개의 같은 층 부서 간 자매결연이 맺어졌다.

소통에 소통을 더하니 종횡의 소통, 소통의 가로지르기가 일어난 것이다.

빗속의 열기

2009년 10월의 마지막 날, 거리에는 만추의 스산함과 이별을 노래한 대중가요의 애잔함이 가득했지만, 농협대학 운동장은 용광로를 무색게 하는 열기로 끓어올랐다. 금감원 창립 이후 처음으로 전 직원이 한자리에 모여 체육행사를 하는 한마음 체육대회가 개최되고 있었다.

자본시장조사국 정재연 조사역의 사회로 시작된 개회식은 "지난 10년 동안 눈과 비를 잘 극복해 낸 임직원들의 열정과 힘으로, 승패에 연연함 없이 가족 모두가 한마음이 되었으면 한다."는 원장의 당부로 이어졌다.

특히 그동안 금융위기 극복을 위해 숨 쉴 틈 없이 일해 왔던 임직원들이 마음껏 즐기고 스트레스를 털어내는 자리가 되었으면 한다는 진솔한 바람과 기대를 전달하였다.

"파이팅!"

모든 임직원이 함께 구호를 외치는 것으로 개회사가 마무리되고, 본격적인 체육행사가 개최되었다.

금융위기 극복 과정에서 휴일 없는 격무로 지칠 대로 지친 금감원 사람들, 보험회사에서 가입을 꺼릴 정도로 건강 적신호를 받은 직원들이었지만 창립 이후 처음 개최된 체육행사에서는 스스로 놀랄 정도로 열정적으로 뛰고 달리며 마음껏 소리쳤다.

축구, 배구, 피구 등의 각종 구기 종목에 선수로 출전한 직원들은 그동안 숨겨 두었던 실력을 겨루었고, 지켜보는 직원들은 열렬한 응원전을 펼쳤다. 응원단의 환호와 탄식, 선수나 응원단 할 것 없이 흘린 땀방울은 금감원 사람들의 마음을 하나로 승화시켰다.

갑자기 쏟아진 소나기도 한데 모인 금감원 사람들의 열정을 꺾을 수는 없었다. 누가 먼저라고 할 것도 없이 운동장 한가운데 모인 선수들은 빗물을 뚫고 공을 차고 줄을 당겼다. 응원 열기도 쏟아지는 빗줄기가 무색할 정도로 누그러들 줄 모르고 타올랐다. 승부보다 응원의 함성을 키우고 열정을 더하고자 한데 모인 것만 같았다. 그러나 승부의 세계는 냉엄했고 승부결과에 분위기는 더욱 고조되었다. 축구와 배구에서 자본시장조사본부가, 피구에서 보험업서비스본부, 배구에서 기업공시본부가 우승을 차지하자 직원들은 절정에 올랐다.

"한마음 체육대회 안 했으면 어떻게 할 뻔했냐?"라는 경영진의 농담 속에 체육대회 하이라이트 순서인 이어달리기가 시작되었다. 직원들은

금감원 직원들로서의 생활은 과로와 피로의 연속이다. 건강보험회사들이 가입을 반기지 않는
회사가 금감원일 정도이다. 하지만 전 직원이 참여한 체육대회에서
이들이 보여준 열기는 원장과 임원들의 걱정을 무색케 할 정도로 폭발적이었다.

선수 응원단 구분 없이 질척한 땅도 마다하지 않고 뛰고 구르며 열정을 마음껏 발산하였다. 마지막까지 각축을 벌인 결과 경영지원·소비자본부와 보험업서비스본부가 각각 1위와 2위를 차지하였다.

모든 경기를 종합한 결과 자본시장조사본부가 우승을 차지하고, 경영지원·소비자본부와 보험업서비스본부가 2,3위로 뒤를 이었지만, 승부와 상관없이 한마음 체육대회에 참여함으로써 하나임을 느낀 뭉클한 순간이었다.

빗속에서도 멈추지 않고 오히려 활활 타오르는 동료와 자신을 느끼며 금감원 사람들의 열정과 근성을 확인했던 순간이었다. 숱한 어려움 속에서, 외부의 오해와 비판 앞에서, 계속되는 격무 속에서, 때론 동료를 먼저 보내야 하는 참담함 속에서, 온갖 위기 앞에서도 지치지 않고 소명의식을 이어올 수 있었던 힘의 동력을 확인하는 자리였다.

일체감을 경험한 직원들은 열린 게시판을 통해 차질 없이 대회를 준비한 총무국 업무지원팀에 감사의 마음을 전하고, 체육대회 이후까지 감동을 이어 나갔다.

직원들의 열화와 같은 반응 속에 두 번째 한마음 체육대회가 마련되었다. 2010년 국정감사를 마친 다음 날, 10월 23일 토요일 아침 인천의 한국은행연수원.

단체 경기인 피구, 배구에 직원 대부분이 선수로 참여하면서 분위기는 일순간 고조되었다. 이미 전년도에 빗속에서 경험한 일체감은 점심시간에 펼쳐진 '파도타기' 경기를 통해 재확인되었다. 여러 명이 하나가 되어, 빠르게 움직이는 장애물을 뛰어넘는 진풍경이 펼쳐졌다. 여러 직원의 힘을 하나로 모아 겨루었던 줄다리기와 경기 종료 후 전개된 단체 응원전을 통해 그동안 쌓였던 스트레스를 떨쳐내고 동료애를 확인하였다.

변화에는 끝이 없다

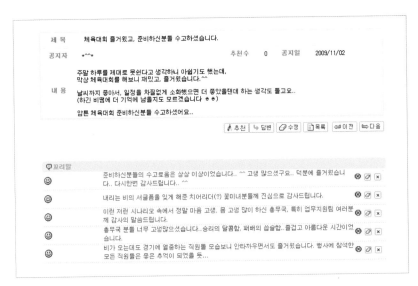

제 목	체육대회 즐거웠고, 준비하신분들 수고하셨습니다.			
공지자	*^^*	추천수 0	공지일	2009/11/02
내 용	주말 하루를 제대로 못쉰다고 생각하니 아쉽기도 했는데, 막상 체육대회를 해보니 재밌고, 즐거웠습니다.^^ 날씨까지 좋아서, 일정을 차질없게 소화했으면 더 좋았을텐데 하는 생각도 들고요.. (하긴 비땜에 더 기억에 남을지도 모르겠습니다 ㅎㅎ) 암튼 체육대회 준비하신분들 수고하셨어요..			

🅰추천 🔽답변 ✏수정 📋목록 ↩이전 ➡다음

💬꼬리말

😊 준비하신분들의 수고로움은 상상 이상이었습니다.. ^^ 고생 많으셨구요.. 덕분에 즐거웠습니다.. 다시한번 감사드립니다.. ^^ ⊗ ⊘ ⊠

😊 내리는 비의 서글픔을 잊게 해준 치어리더(?) 꽃미녀분들께 진심으로 감사드립니다. ⊗ ⊘ ⊠

😊 이런 저런 시나리오 속에서 정말 마음 고생, 몸 고생 많이 하신 총무국, 특히 업무지원팀 여러분께 감사의 말씀드립니다. ⊗ ⊘ ⊠

😊 총무국 분들 너무 고생많으셨습니다..승리의 달콤함, 패배의 씁슬함..즐겁고 아름다운 시간이었습니다. ⊗ ⊘ ⊠

😊 비가 오는데도 경기에 열중하는 직원들 모습보니 안타까우면서도 즐거웠습니다. 행사에 참석한 모든 직원들은 좋은 추억이 되었을 듯... ⊗ ⊘ ⊠

체육대회 후 열린 게시판에는 감사와 격려의 댓글이 쇄도하였다.

한마음 체육대회를 즐기고 있는 금감원 직원들의 모습이 경쾌하고 흥겹다.

자본시장조사본부가 우승을 차지하였고, 문정숙 본부장이 적극적으로 응원에 참여하고 다양한 응원을 준비한 소비자서비스본부가 응원상을, 전략경영지원본부와 기업공시본부가 감투상을 받았지만, 두 번째 펼쳐진 한마음 체육대회는 수상 결과보다 금감원 사람들의 근성과 하나 됨의 미덕을 만끽한 시간이었다.

바다의 허파에서 함께 호흡하며

경기도 안산시 대부도. 하루 두 번 바닷길이 열리면 개펄이 제 모습을 드러낸다. 바다는 개펄을 통해 숨 쉬지만, 개펄은 사람이 쉼 쉬기에는 여의치 않은 곳이다. 걷기도 힘들고 진흙탕에 빠지면 눈을 뜰 수조차 없다.

2009년 8월 7일, 이 개펄에서 넘어지고 구르면서도 미소 짓고 즐기는 사람들이 있었다.

금감원의 '조직 역량을 위한 팀워크 도전 정신 배양 연수'의 목적으로 마련한 개펄훈련 행사에 원장이 직접 참여하여 직원들과 한데 뒹굴고 부딪힌 것이다.

"한참 정신없이 굴렀는데, 발에 뭐가 걸려 내려다보니 원장님 머리가 있는 거예요. 당혹스럽고 민망했는데, 원장님은 어쩜 그렇게 즐거운 표정인지……."

사진 속 원장 뒤에서 버거운 표정으로 누워 있는 변추단 정인화 팀장이 후배들에게 털어놓은 당시 소회처럼, 이날 개펄훈련 행사는 각오를 다

변화에는 끝이 없다

팀워크와 도전 정신 배양을 위해 열린 개펄훈련에서는
원장도 임원도 예외 없이 해병대의 훈련병 모습이 되었다.

진 청년들도 견디기 힘든 혹독한 수련 과정이었다. 교관의 지휘에 따라
개펄 위에서 고무 보트 노 젓기, 체조, 단체 축구 등을 진행하였다. 그런
데 60대의 원장이 전 과정을 288명의 금감원 직원과 함께 한 것이다.

원장이 몸을 던져 워크숍에 동참한 것은 모두 함께하는 과정에서 열외
나 봐주기는 없다는 것을 몸소 실천하는 무언의 가르침이었다. 보트에서
함께 노를 젓고, 교관의 지휘에 따라 개펄에서 더불어 뒹굴며 "우리는 최
고다!", "할 수 있다!", "우리는 하나다!" 등 구호를 외치며 단결력을 높였
다. 서로 부대끼고 엉키다 보니 금감원 내에 자리한 보이지 않는 '벽'도
순식간에 허물어졌다.

개펄훈련을 함께한 원장도 "눈빛이 달라진 것 같다, 이번 기회에 직원
들과 개펄에서 함께 뒹굴면서 가까워진 것 같다. 개펄에서 외쳤던 것처럼
우리는 하나!"라고 강조하면서, 근성과 화합에 대한 기대감을 나타내었

다. 나이 든 임원 및 국·실장들도 한여름 땡볕 아래서 젊은 직원들과 개펄에서 함께 뒹굴면서 화합의 장을 만들어주었다.

개펄훈련은 외부 회의석상에서 발표력이나 근성이 부족하다는 자성에 따라 추진되었다. 처음에는 "무슨 이런 연수를 하느냐?"라며 불만을 표출하는 직원도 있었지만 조직 전체가 개펄에서 함께 뒹굴고 어려움을 체험하는 과정에서 자신감을 되찾고 진한 동료애를 나누게 되었다. 공동의 목표에 대한 공감대도 커졌다.

'조직 역량을 위한 팀워크 도전 정신 배양 연수'는 7월 9일부터 8월 7일까지 매주 목요일과 금요일 1박 2일 일정으로 개최되었다. 첫날에는 조직 역량 강화를 위한 토론이, 이튿날에는 대부도 개펄체험으로 진행된 연수 과정은 고통을 함께 건넌 사람들만이 공유할 수 있는 든든한 연대를 형성하였다.

몰입, 그 행복한 경험을 위하여

보고문화와 야근 풍토를 개선하고 신뢰 실험의 홍역 끝에 열린 커뮤니케이션의 중요성을 깨닫고, 조직의 정체성을 상징하는 슬로건 공모 과정을 통해 같이 생각하며, 함께 배우는 과정에서 고민도 나누고 생각을 더했던 금감원의 소통 과정은 스스로에 대한 재발견의 과정이었다. 특히 한마음 체육대회를 통해 빗속에서 함께 부대끼면서 스킨십을 나누고 동료애의 밀도와 점성을 더해 갔지만, 이러한 마음의 변화와 생각의 진화가 업무 몰입으로 연계되지는 못하였다.

변추단은 2010년 주요 과제의 하나로, 업무 몰입을 위한 여건 조성을 선정하였다. 업무 몰입(Engagement)의 개념적 정의는 부여된 과제에 완전히 몰두하여 최적의 기능을 수행하는 상태를 의미하지만, 변추단은 금융위기 및 공기업 선진화 과정에서 위축된 직원들의 사기를 올리고 '신바람 나는 일터'를 만들어 업무 성과로 이어질 수 있는 업무 몰입을 추구하였다.

5월부터 딜로이트컨설팅과 임직원의 직장생활 만족도를 조사하고, 업무 몰입도와 요인들 간의 상관관계 분석을 통해 업무 몰입도를 높일 수 있는 요인을 찾아내기로 하였다. 요인별 영향력을 매트릭스로 구성하여 8개 요인을 산출하였고, 8개 요인에 대한 프로그램 19개를 도출하였다. 7월에는 변화촉진자 타운미팅과 변추단·컨설팅사 등이 함께 19개의 프로그램에 대해 실행 가능성과 효과성을 종합적으로 검토하였다. 그 결과 최종적으로 8개의 과제를 선정하였다.

금감원 1,000일 기념 MT, 리더보고 평가제, 서로 통하기 운동, 건강원 프로젝트, 휴가 제도의 활용성 제고, 역량 평가 체계의 도입, 선택적 복리후생 제도의 개선, 탄력 근무제가 그것이다.

'금감원 1,000일 기념 MT'는 일반적으로 어느 조직원이든 입사 3년 시점에서 경력에 대해 고민한다는 점을 고려하여 기획되었다. 입사 1,000일을 맞은 직원을 대상으로 격려와 함께 소속감을 제고할 수 있는 기회를 제공하자는 취지였다. 인력개발실이 이를 받아들여 2010년 9월 2일부터, 1박 2일간의 '금감원 1,000일 기념 MT'가 실시되었다. 직원들이 예상 밖의 호응을 보이면서, 원장은 앞으로 지속적으로 확대해 나갈 것을 지시하였다.

'리더 보고 평가제'는 원장 보고문화 개선을 위해 원장이 직접 아이디어를 제공하면서 12월부터 시행 중이고, '서로 통하기 운동'은 7월부터 '통통'으로 전개되었다. '건강원 프로젝트'는 금감원 구성원들의 건강을 조직 차원에서 관리하는 환경을 만들어보자는 취지로 추진하였다. '금연' 이라는 테마를 잡아 2011년 캠페인을 검토하고 있다.

'집중휴가제' 도입을 골자로 하는 휴가 제도 활용성 제고 방안과 '역량 평가 체계 도입' 및 '선택적 복리 후생 제도 개선'은 노사 모두의 공감 속에 2011년 노사 합의문 정식 의제로 채택되어 실행을 앞두고 있다. 충분한 휴식이야말로 업무 효율성 제고와 몰입의 원천이라는 취지가 빛을 발한 것이다.

'역량 평가 체계의 도입'은 성과 평가와는 별개로 개인의 잠재력을 측정하는 역량 평가를 함으로써 성과 평가 결과는 급여와 승진의 결정에, 역량 평가 결과는 교육 훈련과 승진에 활용하자는 취지로 마련되었고, '선택적 복리 후생 제도 개선'은 직원들의 접근성과 편리성을 높일 수 있는 복리증진 방안을 모색한 결과, 원내 포탈에 온라인 복지관을 신설하자는 것이다. 또 '탄력근무제'는 스마트 워크(Smart Work)의 필요성이 대두되는 현실을 반영하여 법정 근로시간을 준수하는 한도 내에서 구성원들이 스스로 출퇴근 시간을 결정할 수 있도록 하자는 취지에서 마련되었다. 특히 자녀 양육에 책임이 있는 직원들을 대상으로 우선 시행하면서 업무에 지장이 없는 한도 내에서 점진적 도입을 제안하였다. 정부의 정책 방향을 살피고 세부 실행 방안을 마련하여 단계적으로 실시하면서 보완 조치를 세운다면, 효율적 업무 처리는 물론 조직문화의 큰 변화가 기대된다고 하겠다.

몰입은 막연한 바람이 아니라 전문가 집단에서 실현 가능한 행복한 경험이다. 변추단이 업무 몰입도 제고 방안을 고민하면서 가장 유념했던 점도 바로 '실행 가능한 실질적 방안'을 도출하는 것이었다. 업무 몰입을 위한 다양한 방안은 대내외 의견을 수렴하고, 국내외의 수많은 벤치마킹 사례를 분석하는 과정에서 실현 가능성을 확인한 프로그램이다. 이미 많은 과제가 실현되면서 조직문화를 변화시켜 놓았고, 앞으로 더욱 '행복한 직장 만들기'에 기여할 것으로 기대된다.

소통 필요성에서 출발하여 가능성을 확인하고 소통을 경험하면서 소통의 영역과 그 효과를 키워가는 것이다.

즐거운 출근

어떤 것이 불가능하다고 말하기는 어렵다.
어제의 꿈이 오늘의 희망이고 내일의 현실이기 때문이다.
- 로버트 H. 고다드

또 하나의 고객을 위하여

"팀원 간에 같이 저녁 식사를 할 때를 제외하고는 한마디도 하지 않는 경우도 많고, 팀이 다르면 일없는 사람으로 비칠까 두려워 업무상 필요가 아니면 굳이 찾아가 대화를 하지도 않습니다."

"온종일 웃음 한 번 없이 지내는 경우도 많고 아침에 엘리베이터에서 내리기가 부담스러울 정도로 스트레스를 느낍니다."

금융위기의 쓰나미가 최고조에 달했던 2008년 10월, 직원들이 남긴 씁쓸한 속내다. 전시와 다름없는 위기상황에서의 증언이지만, 금감원이 처한 현실을 단적으로 표현한 하나의 단면이기도 하였다.

야근은 물론 주말근무, 철야도 불사하는 격무와 언제 무슨 일이 터질

변화에는 끝이 없다

지 모르는 긴장감 속에서 OECD 국가 중에 가장 빠른 속도로 금융위기를 극복했지만, 종종 금감원으로 향하는 외부의 곱지 않은 시선은 위축감만 더할 뿐이었다. 글로벌 금융시장의 전장에서 치열한 싸움을 치르던 전사의 입장에서는 벗어났지만, 분위기는 침체되었고 직원들의 사기는 떨어졌다.

떨어지는 낙엽처럼 원의 분위기가 가라앉던 2008년 10월, 변추단은 '행복한 금감원 만들기'의 하나로 사내 메신저를 활용한 '서로에 대해 관심 갖기' 운동을 기획하였다.

근무 환경이나 고객의 인식 변화를 위한 변화추진도 필요하지만, 금감원의 직원들이 행복해하지 않고서는 비전도 변화도 남의 이야기일 수밖에 없기 때문이었다.

변추단은 우선 직원들이 매일 접하는 사내 메신저에 인프라를 구축하여 서로의 기념일을 공유하고 배려할 수 있도록 하였다. 함께 근무하는 같은 사무실 직원들의 생일조차 몰라, 가족과 함께 하지 못하고 야근을 하게 만드는 경우가 있었기 때문이다.

이를 위해 본인의 생일이나 결혼기념일 등을 메신저 팝업 창을 통해 같은 팀원끼리 공유할 수 있도록 하였다. 또 직원 각자의 개성이 담긴 자기 알리기 공간을 마련하여 좌우명, 취미, 주량, 즐겨 부르는 노래, 내 인생의 책이나 영화, 홈페이지 정보 등 다양한 정보를 입력하여 서로에 대한 관심을 키워 나갈 수 있는 공간을 만든 것이다.

고객지향(Customer-oriented)은 금감원 5대 핵심가치의 하나이자, 비전인 '고객 중심의 사고'와 직결되는 변화 지향점이다. 이는 곧 '또 하나의 고객'인 금감원 직원들의 행복을 추구하는 길이 변화추진의 핵심 여정이라는 의미를 내포하고 있다. 2009년 4월부터 전개된 '행복한 직장 만

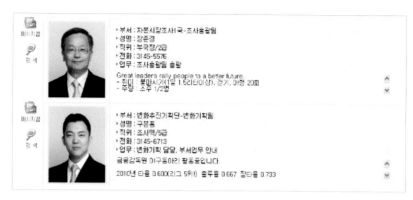

▸ 부서 : 자문시장조사1국 -조사총괄팀
▸ 성명 : 장준경
▸ 직위 : 부국장/2급
▸ 전화 : 3145-5576
▸ 업무 : 조사총괄팀 총괄
Great leaders rally people to a better future.
- 취미 : 볼링치기(1일 1.5리터이상), 걷기, 야영 20회
- 주량 : 소주 1/2병

▸ 부서 : 변화추진기획단 -변화기획팀
▸ 성명 : 구본홍
▸ 직위 : 조사역/5급
▸ 전화 : 3145-6713
▸ 업무 : 변화기획 담당, 부서업무 안내
금융감독원 야구동아리 활동중입니다.
2010년 타율 0.600(2리그 5위!) 출루율 0.667 장타율 0.733

구성원들이 행복하지 않으면 좋은 직장이 될 수 없고, 좋은 직장이 되지 않으면 소비자도 만족시킬 수 없다.
사진은 '행복한 직장 만들기' 프로젝트의 하나로 만들어진 인트라넷의 직원 소개 화면.

행복한 직장 만들기를 위해 시작된 '아침 방송'을 위하여
한자리에 모인 DJ 1기생들의 모습.

들기'도 그 중 하나인 캠페인이다.

맛집 정보나 건강 정보 등 다양한 정보 공유부터, 부서장이 즐겨 부르는 노래를 원내 방송을 통해 들어보는 이벤트까지 캠페인 이름 그대로 행복한 금감원을 만들기 위한 다양한 프로그램을 진행하였다.

행복한 직장 만들기를 위한 또 하나의 테마는 '아침 방송'이었다. 변추단은 금감원에 감성을 더하자는 취지에서 직원들이 자발적으로 참여하는 아침 방송을 기획하였다. DJ는 자원하는 직원들로 구

변화에는 끝이 없다

성하기로 하고, DJ가 방송 내용을 구성하기로 하였다. 아침 방송을 시작하고 나서 유명 DJ가 등장하였고 수많은 어록이 만들어졌다.

정재연 조사역은 금요일 아침 DJ로 유명세를 탔다. 특히 "안녕하세요? 미녀 DJ입니다."로 시작하는 오프닝 멘트와 "웃으세요, 오늘은 금요일입니다."로 끝나는 클로징 멘트는 직원들 사이에 회자되면서 공전의 히트를 기록하였다.

아침 출근길에 DJ가 감미로운 음악과 함께 기억에 남는 멘트를 정겹게 전하는 잠깐의 시간은 아침을 여는 활력소이자 직원들 간에 대화 소재를 풍성하게 만드는 기회였다. 잔잔한 미소, 낮은 허밍, 간혹 이어지는 폭소 가운데 금감원의 새로운 아침을 여는 원내방송.

2011년 오늘도 어김없이 오전 8시 50분이면 정겨운 음악과 친숙한 목소리로 감성을 입은 금감원의 아침이 시작된다.

원빈보다 멋진 '院 Bean'

정부중앙청사 두 곳, 한국은행 두 곳, 산업은행과 예금보험공사에도 각 한 곳, 국회에는 무려 다섯 곳, 그러나 금감원에는 없는 곳. 그곳은 카페였다. 원내 카페에 대한 직원들의 오랜 바람은 단지 질 좋은 커피만을 희구한 것은 아니었다. 직원들의 휴식 공간은 고사하고, 고객을 만날 장소 또한 마땅치 않은 상황에서 직원과 고객 간, 직원과 직원 간 소통의 공간이 필요했던 것이다.

변추단은 이를 해소하기 위하여 2008년부터 원내 카페 개설을 매년 시도하였으나, 예산의 벽 앞에서 추진이 중단되었다. 카페를 만들려면 커피 기계는 물론 실내장식 비용 등 상당한 예산이 필요했기 때문이다.

2010년 4월 그간의 실패를 교훈 삼아, 변추단은 커피 전문점을 창업한다는 자세로 커피에 대하여 공부하고 커피 품질과 가격 체계를 검토해 나갔다. 변추단이 생각한 원내 카페는 단순히 복리 후생 시설로서만 역할을 하는 것이 아니라, 대내외 고객이 소통하는 나눔의 공간이었기 때문이다.

우선 원내 카페 추진의 가장 큰 걸림돌이었던 예산 문제로 실패를 되풀이하지 않기 위해 접근 방법을 달리하였다. 커피 제조기기 및 관련 설비는 외부 사업자의 것을 활용하고 금감원은 장소를 무상으로 대여하는 조건으로 추진해 보기로 한 것이다. 다음 단계로 커피 전문 서적과 각종 정보를 전방위적으로 탐색하고, 다양한 사업자들을 직접 만나 카페 개설의 노하우를 구하고, 소문난 커피 전문점들을 방문하여 직접 시식도 하였다. 화장실을 수시로 들락거릴 정도로 셀 수 없이 많은 커피를 마시며 커피에 대해 파악해 나갔다.

한편으로 금감원 내부에서도 공감대를 형성해 나갔다. 2010년 5월 변추단 신원 팀장은 임원·부서장 회의에서 배려문화 확산 차원에서 휴식과 만남을 위한 원내 카페의 개설 필요성을 역설하고, 조목조목 설득하여 부서장들의 호응을 얻어냈다. 뒤이어 원장과 수석부원장의 전폭적인 지지를 얻어서 본격적으로 원내 카페 개설을 위한 준비에 착수하였다.

먼저 카페를 개설할 장소를 물색하였으나, 금감원 내에서 대내외 고객들의 휴식 공간으로 활용할 만한 공간이 마땅치 않았다. 1층 정문 쪽 로비에 카페를 개설하면 직원들의 휴식 공간은 물론, 금감원을 방문하는 외부 고객들에게도 권위적·고압적 이미지를 완화시키고 부드러운 문화 공간으로 자리할 수 있을 것이라는 전문가의 조언도 있었다.

변화에는 끝이 없다

한편, 정부중앙청사, KBS 본관, 한국산업은행 등도 정문 로비에 사내 카페테리아가 있고, 직원과 고객의 반응도 좋았기 때문에 변추단이나 외부 사업자도 1층 로비를 먼저 고려하였으나, 변화촉진자들의 의견을 물어 최종 위치를 결정하기로 하고 설문 조사를 하였다. 결과는 근소한 차이로 1층보다 9층을 선호하는 것으로 나타났다. 이는 2008년 변추단에서 조성한 '금융쉼터' 자리에 카페가 개설된다면 고객 라운지와 연결되어 고객과 직원의 이용 편의성이 동시에 제고될 수 있을 것이라는 직원들의 합리적인 사고에 기인한 것으로 보인다. 그러나 외부 사업자들은 9층은 1층에 비해 사업성이 지나치게 떨어져서 운영할 수 없다면서 대부분이 외면하였다.

카페의 위치가 9층인 점을 고려하여 출근·중식 시간대 직원이 쉽고 자유롭게 이용하고, 외부 고객이 출입증 교부 없이 손쉽게 이용할 수 있도록 1층 후문 쪽에 키오스크 형태의 간이 판매대를 추가 설치하는 방안을 마련하여 윤진호 선임은 외부 사업자들에게 사업 타당성을 적극적으로 설득해 나갔다.

마침내 사업자 선정을 위한 평가위원회를 구성하였다. 평가위원회는 변추단 팀장 및 선임 각 1명 이외에 전진춘 수석, 임지연 수석, 황상철 선임, 이미영 조사역, 심나미 주무역이 평가위원으로 선정되었다. 평가위원들은 뛰어난 미각과 출중한 감각으로 커피 매장을 방문하여 커피 맛과 실내장식 등 분위기를 직접 확인하였는데, 평가위원들은 카페테리아 위탁 운영 사업자의 선정 작업을 위해 바쁜 일상을 쪼개어 전체 직원들을 대표한다는 사명감으로 감독 업무에 임하는 자세로 최선을 다해 주었다. 까다로운 심사 과정 끝에 외국인 근로자를 돕기 위한 무료 바리스타 교육과 이익금의 일부를 가난한 나라의 불우한 어린이를 위해 기부하고 공

금감원 내에 마련된 카페 '院 Bean'에서 직원들에게 직접 커피를 만들어 나눠주는 김종창 원장.

정무역을 실천하는 국내 기업이 최종 계약자로 선정되었다. 품질과 가격뿐만 아니라 사회 공헌 실천 기업이라는 점이 두루 고려된 결과였다.

외부 사업자 선정 후 원내 카페 개소식이 8월 30일로 잡혔다. 구청에 사업자 허가를 받고 실내장식 공사까지 마무리하기에는 턱없이 촉박한 일정이었다. 민원인 등 외부 고객의 이용 편의성을 적극적으로 고려하자는 이석근 변추단장의 아이디어가 보태져 1층 실내장식 공사가 보완되었다. 공사는 근무시간 소음을 피해 주말에 집중되었다. 유난히 더위가 기승을 부렸던 2010년 여름, 변추단 직원들은 여름휴가를 반납하고 8월의 주말을 카페 개설을 위해 공사 근로자들과 현장에서 함께하였다.

위기 상황도 많았다. 개소식을 이틀 앞두고 9층 원내 카페에 설치한 싱크대에서 음식 냄새가 역류하면서, 총무국 김용택 재산관리팀장까지 주말에 출근하여 한바탕 홍역을 치른 일도 있었다. 20층 식당 배수가 역류한 것이라는 원인은 찾았지만, 주말에 두 번의 공사를 더해야 했다. 변추단 사람들은 물론, 공사 근로자들까지 모두 한여름 무더위도 잊을 만

변화에는 끝이 없다

큼 긴장의 연속이었다.

원내 카페 개설의 모든 과정은 철저하게 직원들을 위한 직원들에 의한 것이었다. 위치 선정뿐만 아니라 공간의 크기도 직원들의 선호도를 염두에 두고 결정하였다. 카페 이름도 직원 공모를 통해 지었다. 원내 카페에 대한 직원들의 오랜 바람과 전체 과정을 직원과 소통하면서 의사결정을 진행한 덕분이었는지, 카페 명칭 공모에 대한 직원들의 호응도 매우 높아서 116명이 제안에 참여하여 '원빈', '카페 휴', 'FSS PRESSO', '금다방' 등 창의적이고 매력적인 명칭이 1~4위에 선정되었다. 최종적으로 문성훈 선임이 제안한 '원빈'이 선정되었지만 이렇게 직원들의 다양한 아이디어와 적극적 참여는 '원빈' 사랑의 토대가 되었다.

드디어 8월 30일, 원빈이 문을 열었다. 원장과 노조위원장이 손을 맞잡고 현판식을 진행하였고, 원장은 바리스타 복장을 착용하고, 직원들에게 커피를 손수 제조하여 제공하였다.

"글로벌 금융위기 극복 과정에서 보여준 직원의 노고에 감사하며, 커피 제조 업무나 금융감독 업무나 장인 정신과 서비스 정신이 중요하다."라는 원장의 메시지는 커피 향 가득한 가운데 휴식을 통한 스마트 워크에 대한 공감대로 이어졌다.

'원빈'에 대한 이용자들의 반응은 매우 놀라웠다. 2011년 1월 내부 설문 조사 결과 직원들의 66%가 주 1~2회 이상 원빈을 이용하고, '원빈'이 조직문화 개선 및 업무와 삶의 질 향상에 도움이 되었다는 응답이 85%를 웃돌았다. 사내 카페테리아의 등장으로 직원들은 동료와 자연스럽게 소통할 수 있었을 뿐만 아니라 외부 고객을 만나 사무실보다 부드러운 분위기에서 커피 한 잔을 대접하면서 업무적으로나 업무 외적으로도 소통할 수 있게 되었다.

'원빈'을 통해 활발하게 소통하는 외에도 '원빈'에서 커피 문화를 학습할 기회도 얻게 되었는데, 2011년 1월에는 '커피를 알면 인생이 즐겁다'는 특강이 개최되어 직원 15명이 실제 커피 추출 실습을 하면서 커피에 대해 좀 더 깊이 공부하는 시간을 가졌다.

원내 카페 개설과 동시에 직원들의 휴식 공간으로서 뿐만 아니라 내외부 고객과의 업무 장소이자 소통 공간, 문화의 장으로 자리한 원빈. 원빈의 성공은 진심으로 원하는 일을 보다 창조적으로 접근하면 문제의 해법을 찾을 수 있다는 이치를 만나는 과정이자 변화의 모범 사례였다. 기획에서부터 실행의 전 과정에서 열린 커뮤니케이션을 통해 직원들과 소통하고 직원들의 마음을 헤아리면서 직원들의 동참을 이끌어낼 때 실질적 변화를 이룰 수 있다는 점을 확인시켜 준 증거가 된 것이다.

도시락 창조교실

'신청 5분 만에 전석 매진'

월드컵 축구경기 입장권도, 유명 가수 콘서트 표도 아닌 금감원 내부 행사 기록이다. 6회 만에 금감원 전체 직원 수를 넘는 2,030명의 누적 관객 수를 기록하면서 직원들의 폭발적인 호응을 이끌어낸 이 행사는 '도시락 창조교실'이다.

점심시간에 도시락을 제공하면서 외부 전문가를 초청하여 진행되는 특강일 뿐인 '도시락 창조교실'이 예상을 뛰어넘는 직원들의 열화와 같은 반응을 이끌어낸 힘은, 직원들의 요구를 정확히 파악하고 사소한 부분

변화에는 끝이 없다

까지 직원을 배려함으로써 직원을 행복하게 해주었기 때문이다. 기존에
도 다양한 형태의 외부 전문가 초청 형식의 특강은 많았지만, 직원들의
큰 호응을 얻지 못했다. 주로 근무시간에 진행되어 직원들이 참석에 부담
을 느꼈고, 전문적인 강의 내용도 참여도를 낮추는 원인이었다.

변추단은 이러한 문제점에서 탈피하여 전혀 새로운 차원의 특강을 기
획하였다. 첫 번째 원칙은 근무시간을 피해 점심시간에 진행한다는 것과
점심시간에 진행하는 만큼 도시락을 제공한다는 것이었다. 강의 내용도
업무적인 금융 분야보다 다양한 영역에서 금감원 사람들의 시야를 넓힐
수 있는 내용으로 구성하고 '창조'를 키워드로 정했다. 갑론을박이 오가
는 가운데 여러 아이디어가 더해지면서 2010년 5월 마침내 '도시락 창조
교실'의 운영계획이 완성되었다.

그러나 이때만 해도 직원들의 폭발적인 반응은 상상하지 못하였다. 목
표인원을 80명으로 설정하였고, 설령 예상을 뛰어넘는 반응을 보인다고
해도 200명을 넘기는 어렵다는 판단에 따라 대강당을 강의 장소로 정하
였다.

도시락 선정도 생각보다 복잡했는데, 한정된 예산으로 직원들에게 질
좋은 도시락을 제공할 방법을 찾는 일은 모래밭에서 바늘 찾는 격이었다.
변추단 직원들이 직접 발로 뛰면서 메뉴를 확정하기까지 점심시간을 메
뉴 테스트 시간으로 할애하였다. 메뉴 가운데 햄버거는 비교적 쉽게 결정
할 수 있었지만, 문제는 초밥이었다. 예산에 맞춘 초밥은 질이 담보되지
않았고, 다른 메뉴를 대체하자니 마땅치 않았다. 결국, 변추단 김병기 수
석의 끈질긴 설득과 집념의 결과 직원들이 고마워했을 정도의 신선한 초
밥을 저렴한 가격에 구입할 수 있게 되었다. 행사의 취지와 금감원의 특
수성을 설득하고, 여름에 안전한 도시락을 배달받아 직원들에게 나눠주

'도시락 창조교실'에서 강연하는 송승환 대표.

기까지 변추단 직원들의 아이디어와 남모를 수고가 참으로 많았다.

이제 마지막으로 가장 중요한 강사 선정이 남았다. 수많은 유명인의 이름 이 거론된 가운데 '창조'라는 키워드 에 걸맞게 공연계에서 황무지를 일군 난타기획자 송승환 대표를 초청하기 로 하였다. 송 대표가 흔쾌히 승낙함 으로써 제1회 도시락 창조교실 준비

를 마쳤다. 과연 몇 명이나 신청할지 호기심과 일말의 우려 속에 신청 접 수를 시작하였다. 다행히 접수 두 시간 만에 220명이 넘는 직원들이 대거

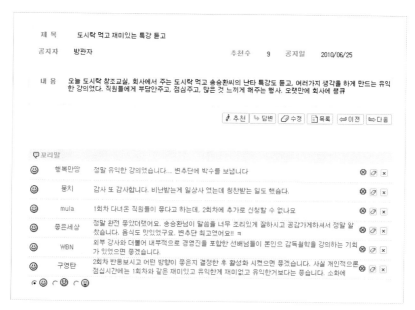

도시락 창조교실은 직원들의 열렬한 호응과 참여를 이끌어냈다.
사진은 열린 게시판에 올라온 도시락 창조교실 직원 만족 후기

변화에는 끝이 없다

신청하면서 6월 25일, 제1회 '도시락 창조교실'이 개최되었다.

'고정관념을 난타하라'는 주제로 열린 도시락 창조교실에 대한 직원들의 반응은 가히 폭발적이었다.

두 번째 도시락 창조교실은 미국 스탠퍼드대학교 신현송 교수의 강의로 진행되었다. 세계적인 석학인 신현송 교수는 청와대 정례회의 일정에도, 선약을 지키고자 도시락 창조교실을 맡는 성의를 보여주었다. 출발부터 감동이었던 세계적인 석학인 신교수의 강의는 '거시건전성 감독과 G20 개혁과제'를 주제로 강연하면서 금감원의 주택담보대출과 관련한 선제 대응이 적절했음을 칭찬하기도 하여 직원들에게 큰 울림을 주었다.

회를 거듭하면서 도시락 창조교실 강연자 섭외가 가장 큰 난제로 부상하였다. 턱없이 낮은 강사료, 금감원 직원들의 높은 기대 수준에 대한 부담감, 금감원에 와서 강의한다는 불편함으로 모시고 싶었던 강사 여러 명이 거절하였다.

제1회 '도시락 창조교실'에 참여한 임직원들이 난타 기획자 송승환 대표의
'고정관념을 난타하라' 강연을 경청하고 있다.

다행히 '시골의사'라는 필명으로 유명한 박경철 씨가 몇 번의 설득 끝에 '시장은 정의로운가?'라는 주제로 3회를 맡아주었다. 이미 경제 방송을 진행할 정도로 확고한 경제 전문가로 자리한 만큼 예리한 통찰력과 폐부를 찌르는 명쾌한 지적으로 시장에 대한 인식의 지평을 넓히는 계기가 되었다.

네 번째 도시락 창조교실은 현대카드를 기사회생시킨 정태영 사장을 모시기로 하였다. 도시락 창조교실이 회를 거듭하면서 직원들의 호응은 더욱 커졌고, 언론의 관심도 뜨거웠다. 앞에서 소개한 것처럼 피감기관의 대표를 금감원의 강사로 초대했다는 점에서 도시락 창조교실의 콘셉트까지 주목받게 된 계기였다. 시장의 중심에서 조직문화 개선과 혁신을 이룬 정태영 사장의 생생한 강의 내용 또한 직원들의 큰 호응을 얻었다.

강의 신청자가 급격하게 늘면서, 연말에 진행된 카이스트 정재승 교수의 '뇌과학, 사회와 연결되다'라는 주제의 강의는 그동안 참석하지 못했던 직원들에게 참석 우선권을 주는 방식으로 진행하였다. 424명이 강의를 신청하면서 모든 신청자를 대강당에 수용할 수 없어서 9층 회의실로 TV를 통해 생중계하는 '도시락 창조교실 Live'가 탄생한 계기이기도 하였다. 여러 곳에 분산되어 들은 강의였지만, 젊은 뇌과학자의 혁신적인 통찰력과 사회를 바라보는 새로운 시각은 신선한 감동을 안겨주었다.

도시락 창조교실 제6회째는 2011년 1월 '마음을 움직이는 힘'이라는 주제로 명지대 김정운 교수가 강의하였다. 갈수록 신청자가 급증하면서 단 5분 만에 신청 접수가 마감되었다.

원장부터 신입 직원까지 구분 없이 한자리에 모여 함께 점심을 나누며 창조적 인식을 공유하는 학습의 장이자 사유의 전당으로 자리한 도시락 창조교실.

변화에는 끝이 없다

2011년 초 전 직원대상 설문 조사 결과 92.1%가 도시락 창조교실이 금감원의 조직문화 개선과 업무 및 삶의 질 향상에 도움이 되었다고 응답하는 등 호응이 계속되고 있다. 다양한 외부 전문가의 새로운 시각은 순간의 감동을 넘는 여운이었고, 강의 이후에도 직원들끼리 같은 주제로 공감대를 나눌 수 있는 성찰의 계기가 되었기 때문이다.

내가 먼저

심리학자 에크만은 표정을 바꾸면 감정도 바뀐다고 하였다. 행복해야만 웃는 것이 아니라 웃으면 행복해진다.

2010년 9월 27일, 변추단은 내가 먼저 1탄으로 '내가 먼저, 웃으며 인사해요!' 캠페인을 시작하였다. 오가는 길에 얼굴이 마주치면 잘 모르는 사이일지라도 내가 먼저 웃음으로 인사를 건네는 문화, 예컨대 금감원 내에 존중과 배려의 문화를 정착시키자는 취지에서 시작한 캠페인이었다.

캠페인 시행 첫날, 금감원 건물 입구에서 이석근 변추단장을 비롯한 변추단 직원들이 나란히 서서 추석 연휴를 지내고 출근하는 직원들에게 웃으며 인사를 건넸다. 캠페인 슬로건과 로고가 담긴 자석 홀더를 배포하면서 이벤트를 알리기 위한 과정이었지만, 먼저 직원들에게 인사하고 배려하는 일의 효과와 마주하는 기회이기도 하였다.

사실 이벤트 실시를 앞두고 직원들이 냉소적인 반응을 보이지는 않을지, 쑥스러우니 인형 탈을 쓰고 하자는 등의 우려가 더 컸다. 그러나 먼저 건넨 미소는 환한 웃음으로 돌아왔다. 이후 엘리베이터 홍보 게시판과 원

내가 먼저 웃으며 인사해요

올바른 인사매너, 당신의 가치를 높여줍니다.

내가 먼저!

금융감독원
FINANCIAL SUPERVISORY SERVICE

'내가먼저' 캠페인

안녕 하세요

내가 먼저 웃으며 인사해요

올바른 인사매너, 당신의 가치를 높여줍니다.

금융감독원
FINANCIAL SUPERVISORY SERVICE

'내가먼저' 캠페인

내가 먼저 웃으며 인사해요!

올바른 인사매너, 당신의 가치를 높여줍니다.

금융감독원
FINANCIAL SUPERVISORY SERVICE

'내가먼저' 캠페인

내가 먼저 웃으며 인사해요

올바른 인사매너, 당신의 가치를 높여줍니다.

금융감독원
FINANCIAL SUPERVISORY SERVICE

'내가먼저' 캠페인 방문고객, '내가먼저' 배려해요!
－ 엘리베이터까지 가는 길은 아주 먼 길을 걸어가는 힘든 일이 아닙니다.

"오늘, 엘리베이터까지 고객을 배웅하며 짧지만
소중한 시간을 보내보는 것은 어떨까요?"

고객과 미팅을 마치고 가시는 길을 배웅하는 것은
에베레스트 산을 등반하거나 사막을 횡단하는 것 같은
힘든 일이 아닙니다.
엘리베이터까지 배웅하는 작은 노력이지만
미팅에 대한 소감을 이야기하면서 신뢰를 쌓고 문제를
풀어가는 소중한 시간이며, 우리원에 대한 고객의 인식을
결정하는 마지막 순간이기도 합니다.

'내가먼저' 캠페인 방문고객, '내가먼저' 배려해요!
－ 고객과의 미팅에서 여러분은 어떤 옷차림을 하고 있습니까?

"오늘, 고객과 만나기 전에
단정한 모습을 하고 있는지
확인해보는 것은 어떨까요?"

사람의 첫인상은 그 사람의 옷차림과 태도에 따라
흔히 좌우되기도 합니다.
옷차림과 태도는 의사 표시의 하나이기 때문입니다.
따라서 고객과 미팅 전 옷차림을 확인한다는 것은
단순히 멋을 부린다는 것이 아니라 고객을
존중하는 마음가짐과 전문가로서의 품위를 가지고
고객과 의사소통하는 첫 단계에 해당합니다.

마주치는 고객과 임직원에게
환한 미소로 인사를 나눕시다.

분주한 업무로 정신없이 복도를 지나치다 고객을, 임직원을 마주칠 때 어떤 표정으로
인사를 하십니까? 모르는 분이라 인사조차 나누기가 어렵지는 않으셨습니까?
인사는 예절의 기본이며, 인간관계의 출발입니다. 직장인에게 있어서 인사는 애사심의
발로이자 상사에 대한 존중, 부하직원에 대한 배려, 동료간에는 우애의 상징이고,
고객에게는 고객지향에 대한 표현인 동시에 자신의
인격과 교양을 밖으로 나타내는 것입니다.

"오늘, 마주치는 고객과 임직원에게
환한 미소로 인사를 나누는 것은 어떨까요?"

 '내가먼저' 캠페인 － 내가 먼저 웃으며 인사해요!

올바른 인사의 기본

1. 눈을 맞춘 뒤
   (적당한 거리에서 서로 인식한 뒤)

2. 가볍게 웃고
   (서로의 마음을 열고)

3. 인사를 건넨다.
   (상황에 맞는 인사를)

'내가먼저' 캠페인
내가 먼저 웃으며 인사해요!

'내가 먼저' 캠페인을 실시하면서 배포한 자석 홀더와 캠페인 배너, 캠페인 팝업 창.

내 방송을 활용하여 캠페인의 취지를 금감원 전 직원에게 알리고 정기적으로 인트라넷에 팝업 창을 띄우면서 참여를 독려하였다.

'내가 먼저 웃으며 인사해요!' 캠페인이 한창이던 2010년 10월 13일, '내가 먼저' 캠페인 2탄인 '방문 고객, 내가 먼저 배려해요!'가 시작되었다.

금감원을 방문하는 고객들을 엘리베이터까지 배웅하자는 고객 친절 응대 캠페인이었다. 직원들을 대상으로 출발한 배려문화가 고객들에게까지 전달되어 금감원 대내외에 긍정의 문화를 확산시키자는 취지로 은행업서비스본부에서 시범 실시 중이던 것을 변화촉진자 미팅에서 제안받아 확대 실시하게 된 것이다. 이와 함께 방문 고객이 면담 직원의 응대 매너에 만족한 경우 출입증에 부착된 추천 카드를 안내 데스크 추천함에 넣도록 하고, 월별 추천율이 가장 높은 본부에게는 원빈 커피쿠폰을 제공하는 이벤트도 함께 실시하면서 '내가 먼저 캠페인'은 조직문화를 서서히 변화시켜 나갔다.

11월 집계 결과 여러 본부가 각축을 벌인 가운데, 회계서비스본부가 근소한 차이로 1위를 차지하였다. 12월부터는 내가 먼저 캠페인의 내용을 다시 보완하여 본부별 업무 특성을 반영하고 직원들에게 인정과 칭찬을 제공할 수 있도록 본부별 고객응대 매너 우수 직원을 선정하는 방식으로 바꾸기로 한 것이다.

집계 결과 안현주 서무장, 유명신 선임, 봉원혁 수석, 김태주 선임, 이상석 선임, 변승무 선임, 윤지혜 선임, 권영민 선임, 김용한 선임, 안대수 조사역이 우수 직원으로 선정되었고 동료의 지지와 격려가 뒤따랐다.

"권선임님, 평소의 친절과 진심이 다른 분들에게 그대로 전달된 것 같습니다. 축하하고 감사합니다! – 이갑주 팀장

"안현주 씨, 축하합니다. 역시~~~!!!! – 이영란 조사역

금감원의 고객응대 매너 우수 직원

긍정의 힘

현대 경영학의 아버지 피터 드러커는 "행동 양식의 변화에
필요한 것은 최고 경영자의 연설도 훈련 과정이나 경영회의도 아니다. 그
것을 행하는 곳이 어디인가를 묻는 것이다."라고 하였다. 일방적 변화추
진보다 직원들이 변화의 방향을 점검하고, 올바른 길을 찾아갈 수 있도록
하라는 의미이다.

이 과정에서 우수 사례 발굴을 통한 인정과 칭찬은 긍정의 힘을 확산
시킨다. '내가 먼저' 캠페인은 긍정의 힘이 부정의 힘을 누른다는 인식에
따라 세 번째로 '스마일 직원을 찾아라!' 캠페인을 하였다. 평소 주변에서
미소로 분위기를 밝고 따뜻하게 만들어주는 상사와 부하, 동료 직원을 추

변화에는 끝이 없다

금감원의 스마일 직원

천하는 캠페인이었다. 인트라넷에 댓글 입력이 가능한 팝업 창을 띄워 추천토록 한 결과, 캠페인 진행 6일 동안 915개의 추천 댓글이 쇄도하였다. 칭찬이 몰리면서 후보자가 443명에 이르는 과열 양상까지 띠었다.

추천을 집계한 결과, 이채영 주무역, 이해붕 팀장, 최윤선 영문교열사 박은혜 선임, 이후록 선임 등 다섯 명이 금감원 스마일 직원으로 선정되었다. 정연수 본부장, 김진수 실장, 김병기 수석은 본인의 고사로 시상 대상에서는 제외하였다.

선정 결과를 UCC로 제작하여 인트라넷 게시판에 게시하자 직원들의 격려가 이어졌다. 긍정의 확산 효과가 나타난 것이다.

"미욱함이 이를 데 없는 저의 객쩍은 웃음을 사랑해 주시니, 제가 마치 '엄마, 아빠 부르는 소리에 방긋방긋 웃는 아이'가 된 느낌입니다. 무한 감사드리며, 한 말씀 올립니다. 어떤 스승께서 제자 세 명에게 졸업 문제를 냈답니다. '너희에게 엽전 한 잎씩 줄 터이니 무엇을 사서든 이 방을 가득 채워 보도록 하여라.'

첫째 제자는 깃털을 사서 채워봤으나 부족했지요. 둘째 제자는 짚으로 채웠지만 역시 많이 부족했습니다. 셋째 제자는 달랑 양초 하나만을 사서 밤이 되자 양초를 켰다고 합니다. 작은 양초는 환히 빛나며 방안 전체를 밝음으로 가득 채웠지요(유머코치가 보내주신 글입니다.^^). 긍정의 생각과 일부러라도 짓는 작은 미소가 마음 안의 어둠을 몰아내고 동료를 격

려해 나갔으면 하는 소망을 품어봅니다. 고맙습니다~꾸벅^^!!!" - 이해붕 팀장

"선정되신 분들께 축하를 드리고, 선정되지는 않았지만, 우리원 곳곳에서 조용한 미소를 짓고 계시는 존경하는 선후배님께도 힘찬 박수를 보냅니다. ^^&" - 허진철 선임

'내가 먼저' 캠페인의 호응으로 12월에는 연말 분위기에 맞춰 4탄 '당신의 마음, 정성껏 배달해 드립니다!' 캠페인을 벌였다. 'Let's Win As One!'이라는 슬로건 아래 상호 협력문화의 정착을 위해 연말을 맞아 평소 업무에 도움을 주었던 동료 직원에게 감사의 마음을 전할 기회를 제공하자는 취지로 마련되었다.

추천 직원뿐만 아니라 동료 직원을 칭찬한 직원에게도 작은 선물을 통해 감사의 마음을 전달하기로 하였다. 긍정의 힘은 나누면 나눌수록 바람직하기 때문이다. 그러나 선물 내용을 결정하기가 쉽지 않아 담당자인 변추단 김석원 선임의 고민은 깊어졌다.

그러다 문득, 섬광처럼 류국현 팀장에게 받은 메시지가 생각났다. 평소 변화추진을 위한 다양한 아이디어를 주었던 류팀장의 주인의식이 빛을 발하는 순간이었다. 선물을 화분으로 결정하고, 캠페인을 시작한 지 이틀 만에 모두 460개의 감사 사연이 올라왔다.

'내가 먼저' 캠페인에 동참한 한 추천 직원의 쪽지.

변화에는 끝이 없다

"진정한 프로입니다. '전산은 상상하는 것은 모두 실현해 드릴 수 있습니다.' 그 한마디에 과도한 부탁을 하게 됩니다. 긍정적인 마인드에 다시 한 번 감사드리며 행복한 연말 보내세요."

"업무상 어쩔 수 없이 의견 충돌이 일어날 수밖에 없는 상황이라 얼굴 붉힐 수 있었는데, 그리고 올 한해 특히 그러한 상황이 많았음에도 항상 웃어주시고 배려해 주셔서 감사드립니다. 새해 복 많이 받으세요."

"잦은 질문 때문에 매번 전화할 때마다 한 번도 부드러운 목소리가 아니었던 적이 없네요. 그 때문에 가끔은 전화하는 제가 미안할 정도니까요……. 언제나 지금처럼 늘 기분 좋은 직원으로 생각될 겁니다."

"서무장님, 여유 없이 차량 신청하는데도 친절하게 도와주셔서 감사합니다. 서무장님을 뵐 때마다 서무장님께서 건네주시는 안부인사에 마음이 따뜻해집니다. 날씨가 쌀쌀한데 건강 유의하시고, 평안과 행복만이 가득하시기를 기원합니다. ^^"

추천받은 직원 100명과 추천 직원 50명을 선정해 감사의 편지와 감사 화분을 전달하고, 감사 화분을 받지 못하는 직원들에게도 동료 직원들의 감사 사연을 담은 편지를 전달하였다. 그 중에는 감사의 마음을 전하는 뜻을 아는 이도 있었지만 전혀 의외라는 반응도 많았다.

그만큼 직원들 사이에서 서로 서로에게 감사를 나누는 일에 익숙하지 않다는 뜻이기도 하다. 하지만 서로에게 행복의 이유가 되어준 감사의 사연을 나누는 과정 속에서 또 다른 감사와 마주하고 행복을 키워나가는 소중한 기회가 되었다. 큰 변화의 물결에 동참하기를 주저하는 직원들도 부담 없이 마음을 표현하는 작은 실천을 통해 변화와 마주하고 변화의 물결에 동참하게 되었다.

직원들의 동참 속에 변화의 진전이 이뤄진 것이다.

"결혼기념일 때 제 아내가 그러더라고요. 어떤 모르는 남자한테 화분을 받았대요. 신랑은 아닌데 이렇게 챙겨주니까 기분은 매우 좋았다고 하더라고요."

이 모르는 남자는 원장이다. 공기업 선진화의 목적으로 급여를 삭감할 수밖에 없었던 원장은 직원들에게 미안하고 안타까운 마음이 컸다. 조직의 수장으로서 건강까지 담보하며 성공적으로 위기를 극복한 직원들에게 감사를 표하지는 못할망정, 오히려 기운 빠지게 할 수밖에 없는 상황은 가장 피하고 싶은 일이었다. 본인에 대한 책망보다 두려운 것은 이 일로 금감원 직원들의 사기가 떨어지고 감독 역량의 위축으로 이어질지도 모른다는 우려 때문이었다.

조직 전반에서 예산을 줄여야 했지만, 원장은 적은 예산으로라도 진심으로 직원들의 마음을 어루만질 방안을 강구했다.

'직원 기념일 축하 프로그램'은 원장이 고민하여 직접 제안한 프로그램이다. 기혼 직원은 결혼기념일에, 미혼 직원은 본인 생일에 축하 카드와 기념품을 원장 명의로 전달하자는 것이었는데, 변추단은 원장의 결정에 따라 선물을 선정하는 데 심혈을 기울였다. 그러나 선물 자체보다 직원 배우자의 말처럼 원장의 이름으로 직접 배달되었다는 사실 자체가 금감원 직원 가족들에게 주는 상징성이 컸다. 자신의 배우자가 자녀가 형제자매가 금감원에서 대접받는 귀한 존재라는 자부심을 확인하는 계기가 되었다.

직원 기념일 축하 프로그램에 대한 직원 설문 조사 결과 응답자의 87%가 금감원의 조직문화 개선과 업무 및 삶의 질 향상에 도움이 되었다고 평가하였고, 열린 게시판에서도 긍정적인 반응이 이어졌다.

'직원 기념일 축하 프로그램'은 애초 고된 감독 업무와 민원 처리로 가정에 소홀하기 쉬운 직원들에 대한 원장의 작은 배려에서 출발하였지만, 이러한 직원의 호응 속에 2010년에도 지속적으로 시행되고 있다.

가족을 배려하는 원장의 감성경영은 직원 가족들에게 보낸 2010년 신년 메시지에서 드러난다.

"안녕하세요. 원장 김종창입니다. 오늘은 우리원 직원들 가정에 새해 인사를 드리고자 펜을 들었습니다.

(중략)

"지난 한 해 직원들의 고생과 헌신을 생각하면서 저는 그 뒤에서 말없이 성원해 준 가족 여러분을 떠올리지 않을 수가 없었습니다. 그래서 새해 인사를 겸해 편지로라도 꼭 감사의 마음을 전하고 싶었지요."

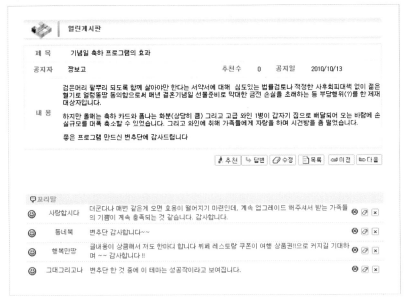

개인이 행복해야 조직도 행복해진다. 사진은 열린 게시판에 올라온 '기념일 축하 프로그램' 후기.

원장은 편지쓰기를 즐긴다. 얼굴을 마주 대하면서 나누는 대화도 좋지만, 현실적으로 전 직원과 자주 대면 커뮤니케이션을 하기 어려운 상황에서, 속내를 담은 편지는 진정성을 위한 소통 채널이라고 믿기 때문이다. 행간에 자리한 글쓴이의 진정성은 설령 오해가 있어도 나중에는 결국 통하게 될 것이라는 소신의 결과였다.

"몇 해 전에 《크리스마스 休戰》이라는 책을 읽은 적이 있습니다. 제1차 세계대전 중이던 1914년 12월 24일 독일 서부전선 플뢰르 지역에서 연합군과 독일군 간에 있었던 기적 같은 하루간의 휴전 이야기를 다룬 책입니다.

24일 밤 독일군 참호에서 〈슈틸레 나흐트(고요한 밤 거룩한 밤)〉가 조용히 울려 퍼집니다.

연합군은 환호했고 어느새 캐럴은 합창이 되었습니다. 누군가 외칩니다. "그래, 크리스마스잖아! 오늘이 크리스마스 이브라고!" 양측은 거짓말처럼 참호를 나와 악수를 합니다. 전사자를 위한 합동 장례식을 하고, 기도를 하고, 담배를 나눠 피고, 서로 이발을 해주고, 서로의 가족사진을 돌려보고, 죽음의 땅 위에서 축구를 합니다. 크리스마스가 빚어낸 기적이지요.

우리 한반도와 금융시장에도 1914년 독일 서부전선의 크리스마스에 있었던 상생과 화해, 그리고 평화로 가득하면 좋겠습니다.

이번 크리스마스에는 금융시장이라는 戰場을 잠시 떠나 사랑하는 사람들과 뜻깊은 시간을 보내시기 바랍니다. 이 자리를 빌려 임직원 여러분은 물론 잦은 야근 탓에 많은 시간을 함께 하지 못함에도 묵묵히 후원해 준 가족 여러분께도 깊은 감사의 마음을 전합니다.

변화에는 끝이 없다

잦은 연말 모임으로 심신이 피로해지기 쉬운 때입니다. 건강에 각별히 유의하시고, 올 한 해 잘 마무리하시기 바랍니다.

Merry Christmas! 2010. 12. 24.

원장 김 종 창

취임 직후 원장 자신부터 글로벌 금융위기 극복을 위해 휴대폰을 항상 옆에 두고 자는 등 쉬지 못하였다. 그러나 외부에서 위로받지 못하는 금감원 직원들의 노고와 고초를 누구보다 잘 알기에 부디 성탄절 연휴 기간만이라도 업무를 완전히 잊고 가족과 함께 보내는 시간을 갖기 바라는 마음에서 크리스마스 편지를 보냈다.

제대로 읽지 않을 수도 있는 시기였지만, 한 사람이라도 진솔한 마음을 가늠하고 쉴 수 있으면 좋겠다는 소박한 바람에서 시작된 일이었다.

원장의 편지는 취임 직후부터 시작되었다.

"임직원 여러분 안녕하십니까? 얼마 전 직원들과 여의도공원을 산책하고 도시락으로 점심을 함께 하면서 새봄의 생동감을 만끽했습니다. 겨울의 칼바람이 엊그제 같은데 벌써 신록이 푸른 초여름 날씨가 되었군요."

취임 일성부터 변화를 외치며 커머셜 마인드, 성과 중심 조직을 외치던 추상같던 모습과는 사뭇 다른 감성적 터치의 편지는 딱딱한 보고서 문체에 익숙한 금감원 직원들에게 신선한 충격이었다. 일부에서는 경계심을 표명하기도 하였다.

그러나 'CEO 공감(共感) Letter'로 이름을 바꾼 두 번째 편지부터 원장과 직원이라는 직위를 떠나 생각과 느낌을 나누고 금감원의 구성원으로서 공감할 수 있는 내용에 익숙해져 갔다. 리더로서 변화를 이끌어 나갈 때의 개인적인 고충과 심정, 소회에서부터 오랜 기간 금융계에 종사하며 쌓아온 거시적 안목과 인 생 선배로서의 허심탄회 한 조언, 경영진으로서 솔 직히 시인하고 사과하는 모습, 주위에서 들려오는 부정적인 피드백도 겸허 히 받아들이는 내용도 있 었다.

원장과 신입 직원들의 오찬 모습으로,
감성경영을 실천하기 위한 원장의 의지가 담겨 있다.

원장의 이러한 솔직하

고 격의 없는 소통방식은 2010년 말까지 총 13회 발송된 CEO 메시지를 업무적인 공문(公文)이 아닌 직원과 함께 호흡하는 공감(共感)의 매체로 만들어갔다.

수장의 권위를 벗고 직원들에게 다가가기 위한 노력은 편지만이 아니 었다. 보고 때 담당 직원까지 배석시켜 의견을 묻고, 직위 고하에 상관없 이 같은 의자에 앉아 넥타이를 풀고 허심탄회한 토론을 즐겼다.

원장이 생각하고 실천한 감성경영, 스킨십 경영은 거창한 것이 아니다. 선배가 먼저 다가가 후배를 배려하고, 작은 것이라도 진정성을 갖고 소통 해야 한다는 것이다.

이러한 지론은 경황없는 일정 속에서도 신입 직원과의 오찬 기회를 마 련하라는 요청으로 이어졌다. 2009년 9월 21일, 금감원 설립 후 첫 공채 를 시작으로 어느덧 10기를 맞은 각 기수 동기회장들이 직원식당에서 원 장과 한 시간가량 대화를 나누는 자리가 마련되었다. 원장의 농담에 당황 하면서도 자리는 무르익어갔다.

'원장과의 오찬'은 2010년 말까지 총 17회를 거치면서 여직원과 변화

변화에는 끝이 없다

촉진자 등 167명의 직원이 참여한 금감원의 소통 프로그램으로 성장하였다. 금감원 전체 직원의 10%가 상하 구분 없이 원장과 마주하여 식사를 나누며 소소한 일상부터 금감원의 미래 비전까지 허심탄회하게 대화를 나누었다.

초기에도 직원들과 여의도 공원에서 점심 도시락을 나누는 등 비정기적 만남의 기회가 있었지만, 직원들과의 소통이 무엇보다 중요하다는 의지에 따라 정기적인 만남을 기획하고 지속하여 온 것이다.

금감원 직원들을 대상으로 2011년 1월 설문 조사한 결과, 향후 금감원이 변화하기 위해 중점 추진해야 할 여러 사항 중에 가장 높은 응답을 보인 항목이 '긍정적이고 효율적인 조직문화 확산'으로 나타났다.

원장의 감성경영은 권위의 허울을 벗고 진솔한 유대를 형성하는 하나의 계기이다. 지난 3년간 변화추진 과정에서 경험한 긍정의 문화가 더 넓게 퍼지고, 경영진뿐만 아니라 선배가 먼저, 후배가 먼저, 내가 먼저 배려하고 작은 미소에라도 진실한 마음을 담아 건네는 분위기가 조성된다면 직원들 간에 행복이 피어나고 고객에 대한 기쁨으로 승화되어 대내외 고객 간에, 금감원 구석구석에 긍정의 에너지가 가득해질 것이다.

다시, 시작이다

눈에 보이지 않는 힘 가운데 변화의 힘보다 큰 것은 없다.
모든 것이 바뀐다.

- 장자

숲에서 나오니 숲이 보이네

2008년 4월 발족 이후부터 지금까지 변추단의 지난 3년은 금
감원의 변화 역사였다. 변추단은 '비전 및 전략 목표 수립', '금융감독 관
행·행태 개선', '대외 이미지 제고', '조직·인사 시스템 개선', '조직문화
개선', '변화 관리 체계 구축' 등 6개 업무 분야에서 변화과제 92개를 스
스로 또는 다른 부서를 통해 추진해 왔다.

그 중 많은 과제가 완료되었고 여전히 추진 중인 과제도 있지만, 앞으
로 계속 추진해야 할 과제도 있고 미흡하여 사라진 과제도 있다. 매일 떠
오르는 태양이지만 그날그날의 빛깔과 뉘앙스가 다르듯이 같은 변화과
제라도 생로병사가 달랐다.

변화에는 끝이 없다

당시 금감원이 처한 상황과 금감원 사람들의 인식과 수용도, 대외 환경 등 많은 요소는 태양을 가리는 구름이고 안개였다. 때론 태양은 이미 빛이 바랜 것처럼 보였고 심지어 아예 흔적이 사라진 것처럼 여겨진 적도 있었다.

그러나 언제나 중심에서 제자리를 지키는 태양처럼, 지난 3년간 우리가 추진했던 변화는 생애주기만 다를 뿐 본질은 태양처럼 늘 자리하고 있었다. 이미 금감원 사람들의 마음속에 깃들어 정서를 감싸고 있고, 함께 경험한 태양빛의 찬란함과 감동은 앞으로 지속하여야 하는 변화의 미래 비전이다.

숲에서 나오니 숲 전체를 조망할 수 있는 것처럼, 지난 3년간의 변화 역사를 되짚어 보는 과정에서 사라져 간 변화과제들이 여전함을 확인할 수 있었다.

2011년 초 직원 만족도 설문 조사 결과, 대다수 직원이 '원빈' 개설 등 복지 차원의 변화를 추진한 데 대해 높은 만족도를 보였으나, 더욱 거시적인 변화와 조직의 미래를 설계할 수 있는 변화를 추진하지 못했다는 점을 가장 안타까워하였다. 특히 지속적인 변화, 좀 더 근원적이고 본질적인 변화추진을 통해 고질적 문제를 개선해 나가기를 기대하고 있었다. 경영진의 능동적 실천과 함께 직원 스스로 변화를 추진할 수 있는 주인의식을 키워 달라는 요청도 있었다. 연수 제도 확대 요구 등 금감원 직원들이 실질적으로 비전을 체화하고 구현해 나갈 수 있는 구체적인 방법론을 제시하기도 하였다.

이 모든 목소리가 앞으로 금감원 사람들이 함께 일궈가야 할 변화의 방향이다. 특히 가장 많은 수의 직원이 '긍정적이고 효율적인 조직문화 확산'과 '핵심 업무 중심의 보고문화 개선'의 변화를 요구한 것은 남은 과제의 방향을 제시한다.

변화추진의 동력은 다소 위축되었지만, 변화에 거는 기대는 변함없고 인식을 바꾸고 공감대를 형성하는 과정에서 변화의 동인은 오히려 더욱 강해진 지난 3년이었다. 앞으로의 3년은 이미 각자의 일상과 조직에 내재한 변화 동인을 가시화하는 시기여야 한다.

함께 만드는 길

금감원의 나아갈 방향을 제시하기 위한 비전 수립과 효과적인 비전 달성을 위한 세부 목표를 수립하는 과정은 한배를 탄 구성원으로서 같은 방향을 바라보기 위한 '더불어 함께 가는' 과정이었다.

비전 수립 과정에서 외부 고객과 내부 고객의 다양한 의견들이 충분히 반영되었기 때문인지, 업무를 계획하고 진행할 때 비전과 핵심가치를 고려한다는 응답이 2011년 설문 조사 결과 74%를 넘었다.

비전을 선포하고 1주년 기념행사를 통해 국민의 신뢰 제고에 대한 의지를 대내외에 천명하고 금감원의 변화 노력을 지속적으로 점검하여 외부의 목소리에 꾸준히 귀 기울인 것 역시 상당한 진전이었다.

2011년 1월 설문 조사 결과에서도 금감원이 앞으로 변화하기 위해 중점 추진해야 할 사항 중의 하나로 '비전 및 핵심가치 등 구성원 간 가치관을 공유하기 위한 노력'을 가장 많이 꼽았다. 금감원 구성원들이 비전의 '가치'에 공감하고 내재화되기를 바란다는 의미이다. 이는 또 그동안 변화를 이루기 위해 노력하는 과정에서 직원들 서로 간에 변화의 철학과

변화에는 끝이 없다

가치를 공유해 왔다는 증거이기도 하다.

길은 처음부터 만들어진 것이 아니라 함께 걸어가면서 만들어가는 것이다. 앞으로 금감원이 나아갈 변화의 길 역시 함께 만들어가는 길이 될 것이다.

비전으로 미래와 마주하다

갤브레이스는 이미 1970년대 불확실성의 시대를 설파했지만, 불확실성은 확대 재생산되고 있다. 21세기 들어 더욱 가속화되고 있는 금융 환경의 변화는 불확실성을 더하는 동인이다.

지금 우리는 금융위기 이후 새로운 글로벌 금융 패러다임이 자리를 잡아가는 전환기에 서 있다. 시장에 대한 맹목적인 신뢰가 붕괴되면서 금융 규제와 감독이 크게 강화되고 있으며, 실물과 괴리된 금융 부분의 과도한 성장 추구에 대한 반성으로 '실물지원'이라는 금융 본연의 기능에 충실하고자 하는 움직임도 나타나고 있다.

이에 따라 우리의 감독 철학도 새로운 패러다임에 맞게 바뀌어야 할 것이다. 일각에서는 이러한 변화 때문에 금융시장의 혁신과 발전이 위축될 수 있다는 우려를 제기하고 있으나, 새로운 패러다임은 무조건 금융의 규모를 축소하고 성장을 억제하기 위한 것이 아니라, '신뢰'와 '책임'의 토대 위에서 금융이 지속 가능한 성장을 이루려는 것임을 인식하고 능동적으로 대처해 나가야 할 것이다.

금융의 글로벌화와 혁신을 위한 지속적인 노력은 속도의 차이는 있을 망정 이미 지배적 경향이다. 금감원은 이러한 글로벌 환경 변화에 내재한 시스템 리스크를 효과적으로 관리하고, 세계 금융질서의 패러다임 전환 속에서 감독규제의 정합성과 적정성을 유지해야 하는 과제 앞에 놓여 있다.

우리를 둘러싼 국내 환경은 글로벌 금융 환경 변화 못지않게 엄중하다. 금감원 출범 이후부터 지속되어 오던 금융감독 체계를 개편하자는 논의도 계속되고, 금융소비자를 보호한다는 명목으로 금감원과는 별도로 금융소비자원을 설립하자는 논의 또한 여전하다.

조기에 글로벌 금융위기를 극복할 수 있는 토대를 구축하였지만, 시장의 불확실성은 여전하다. 대외적으로 유럽의 재정 불안과 신흥국 자산 버블에 대한 우려가 있고, 대내적으로는 부동산 시장의 불확실성, 가계부채, 부동산 PF, 외국인 자본의 과도한 유출 등 불안 요인들이 상존한다. 이 요인들이 현실화되지 않도록 선제적으로 대처하는 것 또한 금감원이 할 일이다.

위기극복 과정에서 드러난 과잉유동성의 함정 또한 미시적 감독과제로 산적해 있다. 건전성 감독 기능 재정립 또한 당면한 과제이다.

그러나 외환위기와 글로벌 금융위기 과정에서 경험했듯이 불확실성의 요인을 명확히 제거하고 적기에 적절하게 대응하느냐 여부에 따라 위기는 위험이 될 수도, 새로운 기회가 될 수도 있다.

금감원은 지난 변화의 과정을 통해 위기조차 기회로 만들 수 있는 원천을 만났다. 변화하는 금융 환경 속에서 감독기구에 대한 국민의 요구에 효과적으로 대응하기 위한 감독 역량을 갖추고, 국민의 이해와 공감을 이끌어내기 위해 지속적으로 소통하는 것이 그 무엇보다 중요하다는 판단을 하게 된 것 또한 변화의 결실이다. 국민이 다가오기만을 기다리기보다

변화에는 끝이 없다

는 우리가 먼저 가까이 가는 노력을 보이고, 자신을 스스로 혁신해 감으로써 신뢰받는 감독기구로서의 위상을 정립해 나갈 수 있을 것이다.

지난 3년간 금감원의 변화 노력은 도전의 갈림길에서 뚜렷한 방향을 제시하고 있다. 달은 차면 기울고 만선은 닻을 내려야 하지만, 다하지 못한 금감원의 변화 노력을 여기서 중단할 수는 없다. 변화는 곧 금감원의 미래이다. 때론 피로감을 느끼고 가끔은 지치기도 하였지만, '고객 중심의 사고, 고도의 전문성, 신뢰받는 금융감독'이라는 금감원의 3대 비전을 중심으로 금감원 사람들이 한마음으로 새로운 자화상을 구현해야 하기 때문이다.

변화의 미래,
스스로가 답이다

이스라엘에 있는 바다 사해(死海)는 한자 그대로 죽은 바다다. 산에서 계곡을 따라 내려온 물이 막다른 곳에서 멈춰 있는 곳. 이곳은 물이 흐르지 않아 물고기가 살지 못한다. 물고기가 죽은 바다, 생명이 없는 죽은 바다가 된다. 이처럼 조직도 변화하지 않으면 건재할 수 없고, 혹 생명을 유지하더라도 생기를 잃게 된다. 결국 변화는 생존을 위해선 반드시 실행해야 할 과제인 것이다.

금융감독원 전 직원의 변화와 혁신을 향한 노력은 혹한의 위기 가운데 살아남기 위해 애쓴 삶의 몸부림에 가까웠다. 금융시장과 국민으로부터 신뢰받기 위해서 스스로를 엄하게 채찍질하며 고통스럽게 변화를 시작하였다. 금융위원회와 금융감독원의 분리 이후 첫 기관장으로서 임명된 김종창 원장은 과거 그 어느 때보다 어려워진 대내외 환경을 가늠하고 취임 직후 조직의 변화 방향을 설정해 추진하였다.

2008년 4월 변화추진기획단 발족 후 비전과 핵심가치를 선포하고 변화의 발걸음에 박차를 가할 무렵 가을에 불어닥친 글로벌 금융위기는 변화추진에 잠시 어두운 그림자를 드리웠지만, 위기극복에 매진하면서도 변화의 결실을 일구기 위한 노력을 지속하였다. 금융위기 대응에 따른 피로 누적과 부정 이슈 중심의 변화추진이 지속됨에 따라 변화에 대한 저항감이 발생하는 듯 하였지만, 이 또한 변화의 성장 과정으로 기록하고 싶다.

변화의 큰 그림을 그리면서 과제 발굴에 주력했던 2년의 기간이 지나면서 이제는 생존을 위한 변화에서 한 걸음 더 나아갈 시점이라 판단했다. 그래서 착안한 것이 '편안함 속에서의 활기'였다. 서구사회에서 가족이나 친구 등과 보내는 소중한 시간을 의미하는 quality time처럼 금감원 직원 간에도 이런 시간을 함께 가질 수 있게 하자는 취지였다.

조직과 조직 구성원이 한 마음이 되어 순간 순간을 의미 있게 보낼 수 있는 것이 또 다른 변화의 씨앗이 아닐까? 이를 위해 지난해부터 직원 상호 간에 존경과 사랑이 오가는 조직, 금감원 직원 모두의 하루하루가 quality time이 될 수 있는 조직을 만들기 위한 노력을 병행하였다. 커피 향기와 잔잔한 음악이 흐르는 조직, 금융과는 다른 세계의 지식도 편하게 접할 기회가 제공되는 조직, 미소와 칭찬 그리고 감사가 있는 긍정의 문화가 퍼져 있는 조직을 만들기 위한 시도였다. 물론, 생존을 위해 시작된 변화는 멈추는 순간 생존이 어렵게 되는 만큼, 앞으로도 꾸준히 실천해 나가야 한다. 하지만, 이러한 변화를 지속적으로 뒷받침하고 생존을 넘어선 성장과 발전을 위해서는 변화의 주체인 구성원 스스로가 변화를 즐기고 편안한 활기를 갖기 위한 노력도 필요하다. 천재는 노력하는 사람을 이길 수 없고, 노력하는 사람은 즐기는 사람을 이길 수 없는 것처럼 말이다.

아무리 뛰어난 가치일지라도 그 자체로는 절대적이거나 객관적이지 않다. 조직의 변화 역시 시대의 흐름에 발맞추고 구성원의 숨결을 느끼고 호흡할 때 그 노력의 가치를 인정받게 된다. 금감원 임직원이 혼연일체가 되어 경영진이 리더십을 발휘하고, 조직 구성원이 적극적으로 동참하여 스스로 조직의 미래를 변화시켜 나갈 때 진정으로 신뢰받는 조직이 될 것이다.

이 책이 금융소비자, 금융회사 직원 등 외부 고객에게는 금감원의 속내를 들여다보고 그간의 금감원 임직원들의 고된 변화 노력의 과정을 이해하고, 든든한 지원군으로 자리하는 계기가 되었으면 한다. 더불어 이 시각에도 조직변화에 대해 고민하는 모든 이들에게 변화의 실체를 발견하는 작은 디딤돌이 된다면 감사할 일이다.

금감원 고유의 업무에서 비껴 나 변화의 선봉에서 때론 질타와 비난까지도 감내하며 변화추진을 위해 헌신해 온 변추단 사람들. 그 이름을 되새기면서 뒤늦은 감사를 전한다.

정인화, 신원, 김병기, 윤진호, 김석원, 김태석, 구본홍 등 변추단 직원들은 책에 들어 갈 내용을 추리고 편집 방향을 논의하느라 수고를 아끼지 않았다. 지금까지 변화추진기획단 지휘를 맡았던 김용환·송경철 부원장, 주재성·박찬수·김동원·문정숙 부원장보의 노고에 감사드리며, 그 외에도 권인원 국장, 장준경, 류찬우, 윤동인, 서규영, 이재용, 김병칠, 김금태, 고영집, 김성현, 박현섭, 안재환, 문형진, 박상준, 윤석우, 정현호, 황선오, 허은진, 서민희 등은 변화의 씨를 뿌린 일꾼이다.

마지막으로 변화의 주인공으로서 여러 어려움 속에서도 변화의 여정에 함께한 모든 직원들에게 머리 숙여 감사드린다. 이들이 있는 한 금감원의 변화는 계속될 것이다.

변화추진기획단 단장 이석근

이석근

에필로그

변화로 통하다 _ 금감원 이야기

초판 1쇄 인쇄   2011년 3월 14일
초판 1쇄 발행   2011년 3월 18일

지은이   금융감독원
펴낸이   한정희
펴낸곳   경인문화사

주 소   서울 마포구 마포동 324-3호 경인빌딩
전 화   (02)718-4830
팩 스   (02)703-9711
등 록   제 10-18호(1973. 11. 8)
이메일   kyunginp@chol.com

ISBN 978-89-499-0771-0 03320